上念司
Jonen Tsukasa

家なんて200%買ってはいけない!

きこ書房

家なんて200%買ってはいけない!

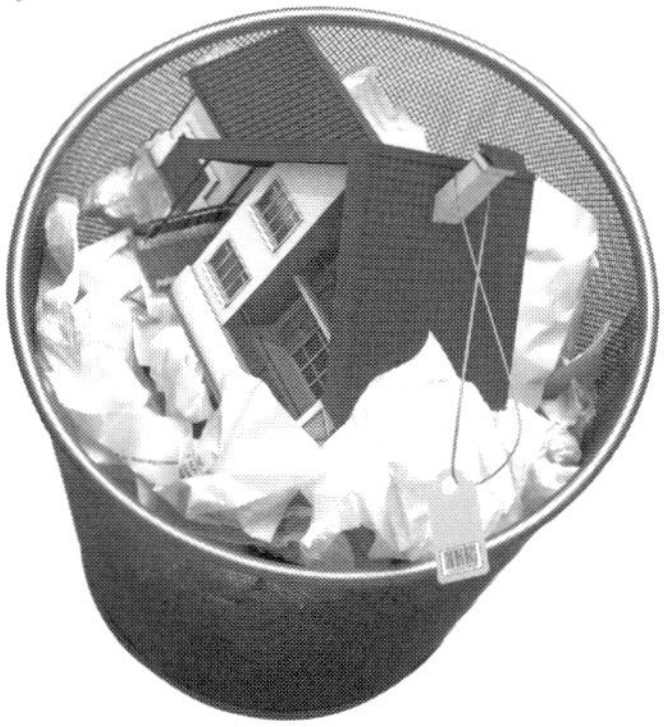

はじめに

「マイホーム」という幻想は捨てなさい

私は2000年ごろ、ロバート・キヨサキ氏の名著『金持ち父さん、貧乏父さん』（筑摩書房）を読んで、ある信仰——すなわち考え方に目覚めました。そこには、次のような言葉がつづられていたのです。

金持ちはお金を出して資産を買う
貧乏人はお金を出して負債を買う

さて、ローンを組んでマイホームを買った時、購入した家は果たして資産でしょうか？　それとも負債でしょうか？

断言しましょう。「負債」です。

高度経済成長やバブルの時期なら事情は違ったかもしれませんが、経済が成熟し、人口が減少し続けている今の日本において、マイホームを買うことは負債を買うことに他なりません。だから、ロバート・キヨサキ氏の言葉は神の福音であり、「今が買い時」と無責任にマイホームの購入を煽る不動産関係者は悪魔の手先なのです。

私自身は古い人間なので、学校を卒業したら働いて、結婚して、子どもを授かって、そしてマイホームを手に入れるのは当たり前だと思っていました。事実、29歳までは、世間一般に広く流布されているその俗説を信じて暮らしていました。住宅ローンを組んで家を買うことはみんながやっていることで、正しいことだと思っていたのです。

しかし、のちに私はそれが大きな間違いだったと気付きました。私はマイホームを購入したことにより、たった数年で1000万円の損失を出す失態を演じてしまったのです。

本書は悪魔の餌食となり大損した私が、これから家を買おうかと血迷ったことを考えている人々を救済するためのものです。地獄への道は善意で敷き詰められています。本書によって、悪魔（不動産業者や金融機関）が張り巡らせた罠を見破り、読者の皆様が正しい人生を送るための一助になれば、作者として幸甚の極みです。

2015年11月24日

経済評論家　上念司

もくじ

第1章

家がタダになる時代がやってくる

2040年、日本の住宅の40％が空き家に？

不動産伝道師の誕生

なにを隠そう私は20代後半で小金を儲けてしまったために調子に乗り、29歳で一戸建てを買いました。5000万円もしたのですが、頭金1000万円であとはローンを組みました。まだ若かったのですが、収入もそれなりだったので4000万円もの巨額ローンが組めたのです。

ところが、いろいろと事情が変わって会社を辞めて引っ越さざるを得なくなりました。

そのときには正直、心が折れました。たった3年半しか住んでないのに、**5000万円で買った家が3800万円でしか売れなかったのです。**ローンは鬼のように繰り上げ返済していたので、家を失って借金が残るという最悪の事態を、なんとか回避したのが唯一の救いでした。

とはいえ、相当落ち込んだのは事実です。ローンの返済額から逆算してみたら、月額30万円ぐらいの豪華な賃貸マンションに暮らしていたのと同じ計算になりました。そちらにしておけばよかったです……。

こんな悲惨な目に遭っているのは私だけかと思い、いろいろニュースを調べた

【図 1-1】「空き家数」と「空き家率」の推移

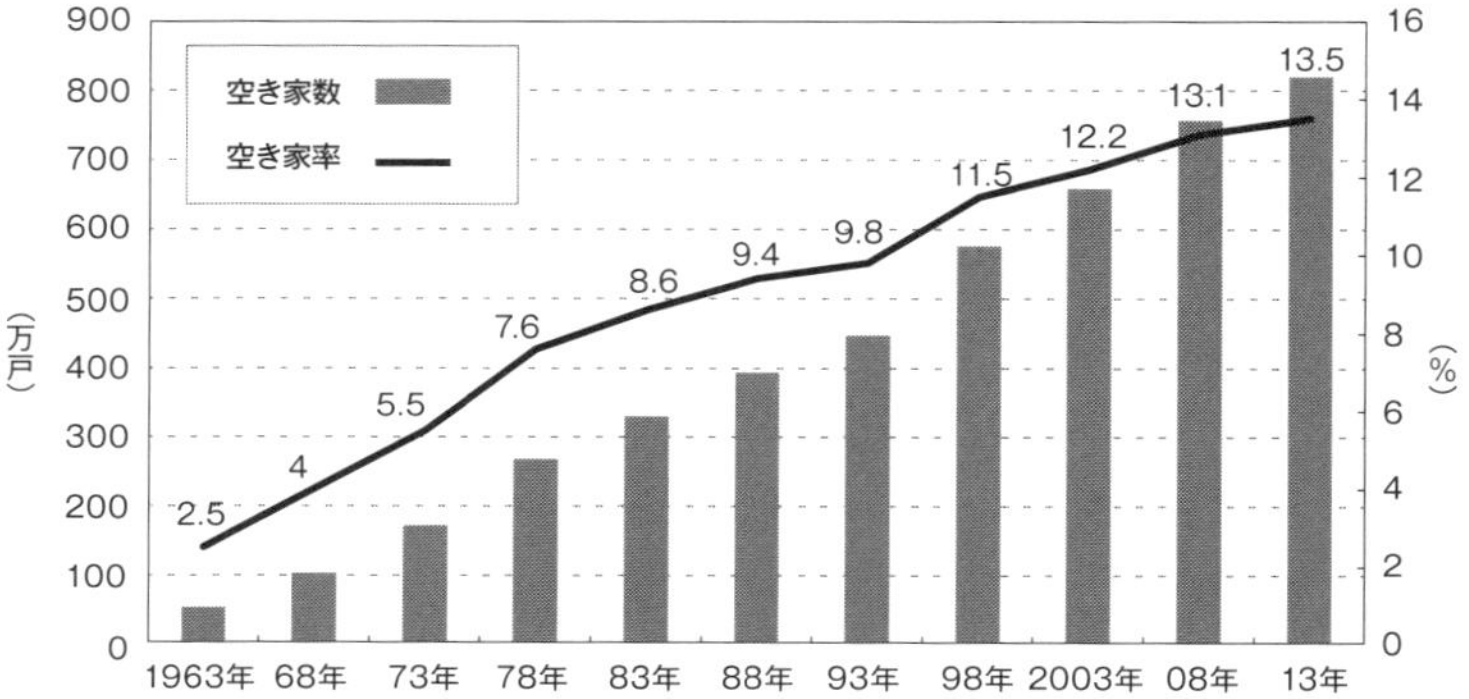

出典：総務省統計局

ら、どうも日本全体が同じような状況に陥っていることがわかりました。

総務省が行った調査によれば、2013年時点で日本全国には約820万もの空き家があり、その数は年々増加の一途をたどっています。空き家率も13・5%と、過去最高を記録しました。さらに、野村総合研究所の発表（「人口減少次代の住宅・土地利用・社会資本管理の問題とその解決に向けて(下)」/野村総合研究所）では、このままのペースで新しい住宅の着工が続けば、2040年には空き家率が40%に達するだろうと予測しているのです。【図1-1】

この、「**2040年に空き家率40%**」という数字は覚えておきましょう。この

2013年時点で日本全国には約820万もの空き家があり、
その数は年々増加の一途をたどっている。

まま空き家が増え続けると、住宅の過剰供給から、賃貸住宅の家賃は昨今の原油価格のように低迷する可能性があります。供給過剰なら買い手市場です。時代の趨勢《すうせい》は大家より、店子《たなこ》優勢になることが考えられます。

私は家を売却した2002年以降、徹底的に学習してこの傾向をつかみました。以来、二度と家は買わないと心に決め、その後はずっと賃貸住宅で暮らしています。賃貸住宅の利点のひとつはライフステージに合わせてリスクなしに住居を変えられる点です。家族構成や仕事が変わるたびに引っ越しを繰り返して、今の家は自宅売却から数えて5軒目になります。

引っ越しをするたびに、ロバート・キヨサキ氏の言葉が身に沁みます。

金持ちはお金を出して資産を買う
貧乏人はお金を出して負債を買う

この言葉、まさに神の教えです。
迷える子羊に福音を‼

少子化が不動産業界にもたらす災厄

不動産業界に暴風雨が吹き荒れる

世の中には「少子化がー!!」と騒いでいる人が多いのですが、彼らは煽る割に具体的な話を全然しません。特に、不動産市場に与えるダイレクトな影響について、まともに言及している人はほとんど見かけません。

私は少子化が必ずしも日本経済に悪影響を及ぼすとは思いませんが、こと不動産業界に限れば、恐ろしい影響しか与えないとは考えています。残念ながらそれは間違いありません。単純なモデルで考えてみましょう。

日本の合計特殊出生率は1975年に1・91となり、初めて2を下回りました。それ以降、2を上回ったことはありません。2015年の値は1・42です。これは夫婦1組当たり1・42人しか子どもがいない、つまりほとんどの世帯が一人っ子か2人兄弟または姉妹という意味です。

人口が減少しないようにするためには、一般的に合計特殊出生率が2・1以上必要だといわれています。2015年初秋、自民党総裁の続投が決まった安倍晋三首相が言及した「新三本の矢」[1]では「合計特殊出生率1・8を目指す」という

1 新三本の矢
2015年9月に安倍首相が記者会見で発表した、アベノミクスの次なる目標を3つにまとめたもの。「希望を生み出す強い経済(GDP600兆円)」「夢を紡ぐ子育て支援(出生率1・8)」「安心につながる社会保障(介護離職ゼロ)」となっている。

【図 1-2】合計特殊出生率の推移

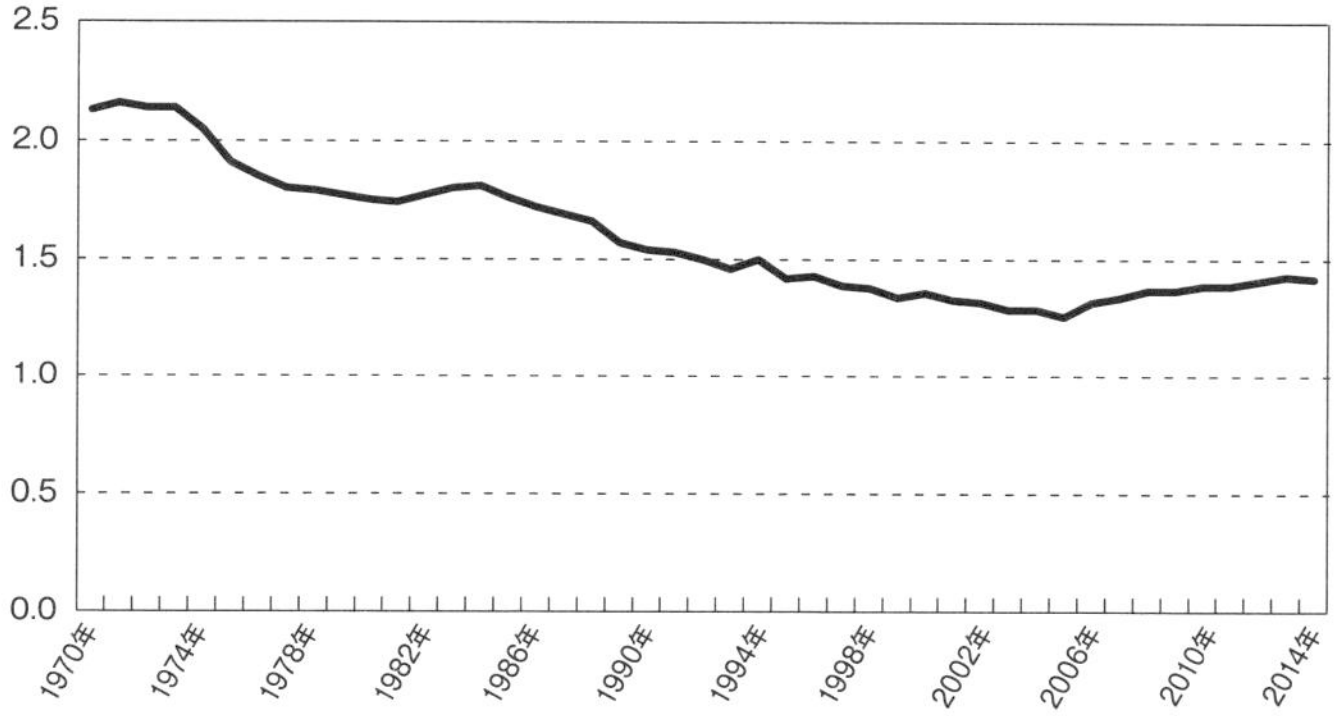

出典：平成26年（2014）人口動態統計（確定数）

目標が提示されましたが、これはある意味で人口減少を多少は容認するという意味です（合計特殊出生率は厳密にいうと15歳から50歳までの出産可能な女性人口に対して新生児が何人だったかという統計ですが、単純に現在の夫婦一組当たりの平均的な子どもの数と考えても間違いではありません）。

そもそも、人口減少が始まったのは最近の話ではありません。合計特殊出生率が2を下回り始めたのは1975年からです。しかし、当初は寿命が延びて亡くなる人が減ったので、生まれる子どもの数が減っても人口は増え続けました。ところが、いくら寿命が延びるといっても限界があるので、ここへきて減り始めたというわけです。【図1-2】

団塊ジュニア世代から起こる恐怖の現象

前置きが長くなりましたが、「合計特殊出生率が1・42」――つまり、「ほとんどの世帯が一人っ子か2人兄弟または姉妹」という部分がとても重要です。

1970年代の日本の合計特殊出生率は1・77~2・14なので、平均するとすでに団塊ジュニア世代でも一人っ子か二人兄弟の世代ということになります。

つまり、私と同世代あたりから次のような恐ろしいことが起こり始めるのです‼

●あり得る組み合わせ

【パターン1】

(夫：一人っ子)×(妻：一人っ子)＝家2軒相続(夫の実家＋妻の実家)

【パターン2】

(夫：二人兄弟)×(妻：一人っ子)＝家1・5軒相続(夫の実家50％＋妻の実家)

【パターン3】

【図1-3】家がタダでもらえる4パターン

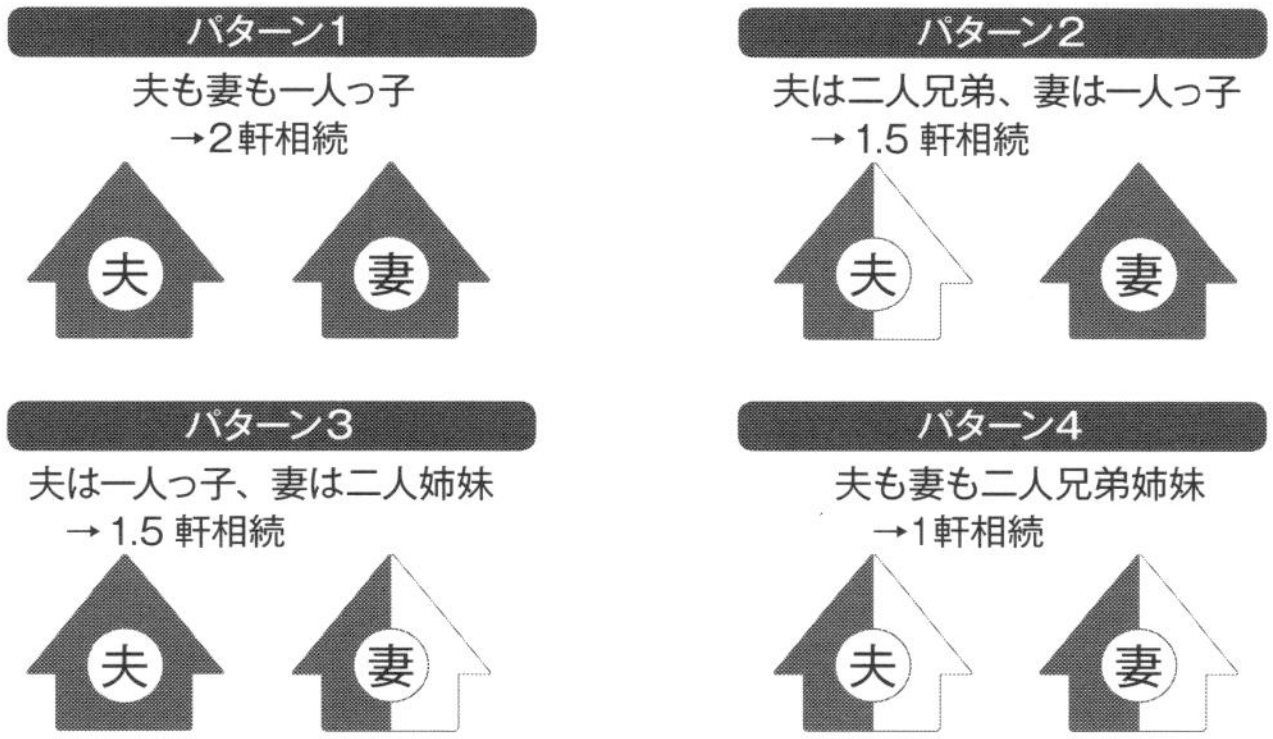

（夫：一人っ子）×（妻：二人姉妹）
＝家1・5軒相続（夫の実家＋妻の実家50％）

【パターン4】
（夫：二人兄弟）×（妻：二人姉妹）
＝家1軒相続（夫の実家50％＋妻の実家50％）

※兄妹、姉弟の組み合わせでも結論は同じなので省略します。【図1-3】

なんと、あと数十年も経たないうちに、誰もがほぼ100％、タダで家が手に入ってしまう時代が来ます（もちろん実際には兄弟姉妹が3人以上いる者同士で結婚する場合も考えられますが、そのケー

あと数十年も経たないうちに、誰もがほぼ100%、タダで家が手に入ってしまう時代が来ます。

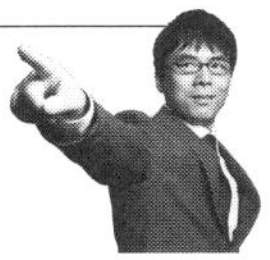

スは非常に少ないでしょう)。親世代が亡くなった後、相続する家の件数が1軒以上、これが現実なのです。

1軒ではなく、1軒「以上」ですよ。いったい、誰が住むのでしょうね……。

しかも、これはあくまでも子どもがいる世帯の話であって、子どもがいない世帯の家はカウントしていません。例えば、家を持っている叔母(伯母)や叔父(伯父)に子どもがいない場合、甥や姪が彼らの家を相続するパターンも発生します。

そこで次に、この部分をカウントしてみましょう。

家を相続するとそれだけ負担が増える!

現在、生き残っている団塊の世代に比べると、団塊ジュニア世代は2~3割、人口が少なくなっています。団塊の世代の未婚率は1割未満なので、実質的にこの割合で子どもがいない叔父、叔母が存在していると考えられます。

そのうちざっくり半分の人が持ち家だったとしましょう。そうすると、1割から1・5割程度の家が甥か姪に相続される計算になります。つまり、団塊ジュニア世代は親から最低1軒~2軒の家をもらうのに加えて、10人にひとり程度は叔父、叔母からさらにもう1軒家を相続してしまうのです。一人っ子同士の結婚で、叔父が持ち家を残して亡くなった場合、夫婦の実家2軒+叔父の家で合計3件の家がタダで手に入ってしまうわけです。

さて、ただでさえこんな状況なのに、自分でもローンを組んで家を買ってしまった場合はどうでしょう。実家2軒＋叔父の家＋自分の家で合計4件の家を所有することになります。ちょっとしたお金持ちですね！

——と、喜んでいる場合ではありません！　築年数を重ねた空き家のオーナーは果たして資産家でしょうか？

大変恐ろしいことですが、家の維持費や固定資産税の支払いで破産しないかどうかを心配する必要がります。賃貸に出そうにも、そういう家が余りまくっているわけですから、そもそも借り手が見つかるかどうかは望み薄です。**家を相続して喜んでいられる時代ではない**のです。

いくら土地神話、持ち家神話があったところで、「家がタダでもらえる」という、このコロニーレーザー[2]並みの大量破壊兵器に不動産業界は耐えられるでしょうか？　私は絶対に無理だと思います。

不動産業界にとって、こうした現象は逆風というより暴風雨ですね。

2 コロニーレーザー
『機動戦士ガンダム』シリーズに登場する大量破壊武器。太陽エネルギーを利用した大口径レーザー砲。大量の電力を消費して長い射程と強大な破壊力を持つ。

どう考えてもローンの支払いより家賃の方が安い

マイホームと賃貸、支払額をシミュレート

それでは次に、マイホーム購入にはつきものの「ローン」についてお話ししましょう。

日本の住宅ローンにおいて、私たちは当たり前のこととして取らされているリスクがあります。それは、ローン返済が滞って、結果的に家を手放す時になった時に被る残債[3]リスクです。

日本では残債リスクを債務者（つまりマイホーム購入者）が負うのが当たり前ですが、海外では必ずしもそうではありません。アメリカなどでは、いわゆるノンリコースローンというものが一般的。なにが違うかというと、返済が行き詰まった時の銀行の対応です。アメリカの場合、ローンを返せなくなったら家を銀行に引き渡す。以上です。それで借金はチャラ。以降お咎《とが》めなしとなります。

つまり、**アメリカの住宅ローンは残債リスクがゼロなのです**。２００８年のサブプライムショックで多くの人が家を追い出されましたが、それはローンをチャラにするためだったのです。まさにゼロからのスタートですね！

3 残債
「残存債務」の略称で、まだ返済していない債務を指す。債務であれば自動車でも携帯電話でも適用されるが、一般的には残債といえばもっとも問題となりやすいマイホームのローンの残債を指すことが多い。

ちなみに、アメリカの銀行は住宅ローンの破たんリスクを回避するため、住宅ローンを証券化して市場で売却します。このやり方が節度をもってやられていたときは良かったんです。でも、度を越してやったらサブプライムローン問題が発生し、サブプライムショックへとつながっていきました。これについては2章でくわしく解説します。

ローンと家賃の最大の違いとは

さて、アメリカのノンリコースローンに対して日本の住宅ローンは残債リスク全開です。なので、住宅ローン返済が行き詰まったら、家を売り払っても債務が残ります。つまり、売却時に家が値下がりしていた場合、ゼロではなくマイナスからのスタートになってしまうわけですね。

大抵、ローンが払えなくなった人は仕事が順調ではない人です。やり直したいと思っても仕事がないし、家もなくなった。あるのは残債（ローンの支払い）だけという悲惨な状況です。こうなると、「このまま生きているより……」と考えてしまい、自殺が増えることになるでしょう。

そしてそんな人に追い打ちをかけるように、デフレが続くと不動産価格も下がります。つまり、家を売ってもローンの足しにならないことが多くなるわけです。

勤めている会社の業績が悪化し、ボーナスが減額されてボーナス払いがピンチ！なんてこともあります。そして、最後は残債リスク顕在化。こりゃ死にたくもなります。

ローンと家賃の最大の違いはここです。

家賃を払って家を借りていたなら、収入に合わせて引っ越せばいい。残債なんてありません。むしろ賃貸の場合、敷金が戻って来るかもしれません。私なんて、敷金で家主と揉めて2回も裁判をやっているので怖いものなしです（笑）

ローンと家賃の支払総額をシミュレート！

また、家賃と住宅ローンでどっちが得かお金の損得だけで考えても、ローンより家賃の支払累計額の方に分があることがわかります。計算を簡単にするために、ローンと家賃の支払総額の想定をしました。

ちなみに、イメージしやすくするために住宅ローンはすべて長期固定金利で計算していますが、変動金利でシミュレーションしても基本的に結果は同じと考えて結構です。なぜなら、固定金利のプレミアムは現時点での金利変動のリスクを織り込んでいるからです（もちろん、金融機関のリスクシミュレーションがハズれた場合はこの限りではありませんが）。

家を借りていたなら、収入に合わせて引っ越せばいい。
残債なんてありません。

では、見てみましょう。

＊　＊　＊

●購入する住宅（東京都心から電車で1時間弱の郊外にある一戸建）
価格：4000万円
頭金：1000万円　ローン：3000万円
35年ローンで、金利は1％、1・5％、1・7％の固定金利を3パターン想定。
計算を単純にするために1年複利計算。
※修繕費は10年ごとに150万円を想定

●借りる家の家賃（東京都心から電車で1時間弱の郊外にある集合住宅または一戸建）
家賃：1～10年目は15万円（結婚して子どもがまだ小さいと想定）
11～26年目は20万円（子どもが成長し少し広い家に引っ越したと想定）
27～35年目は10万円（子どもが独立し小さい家に引っ越したと想定）
※新しく家を借りる場合は、敷金1か月、礼金1か月とし、継続して借り続ける場合も2年ごとに更新料1か月分を支払うと想定

【図 1-4】住宅ローンと家賃　支払累計額の推移

（家賃：15万円→20万円→10万円）

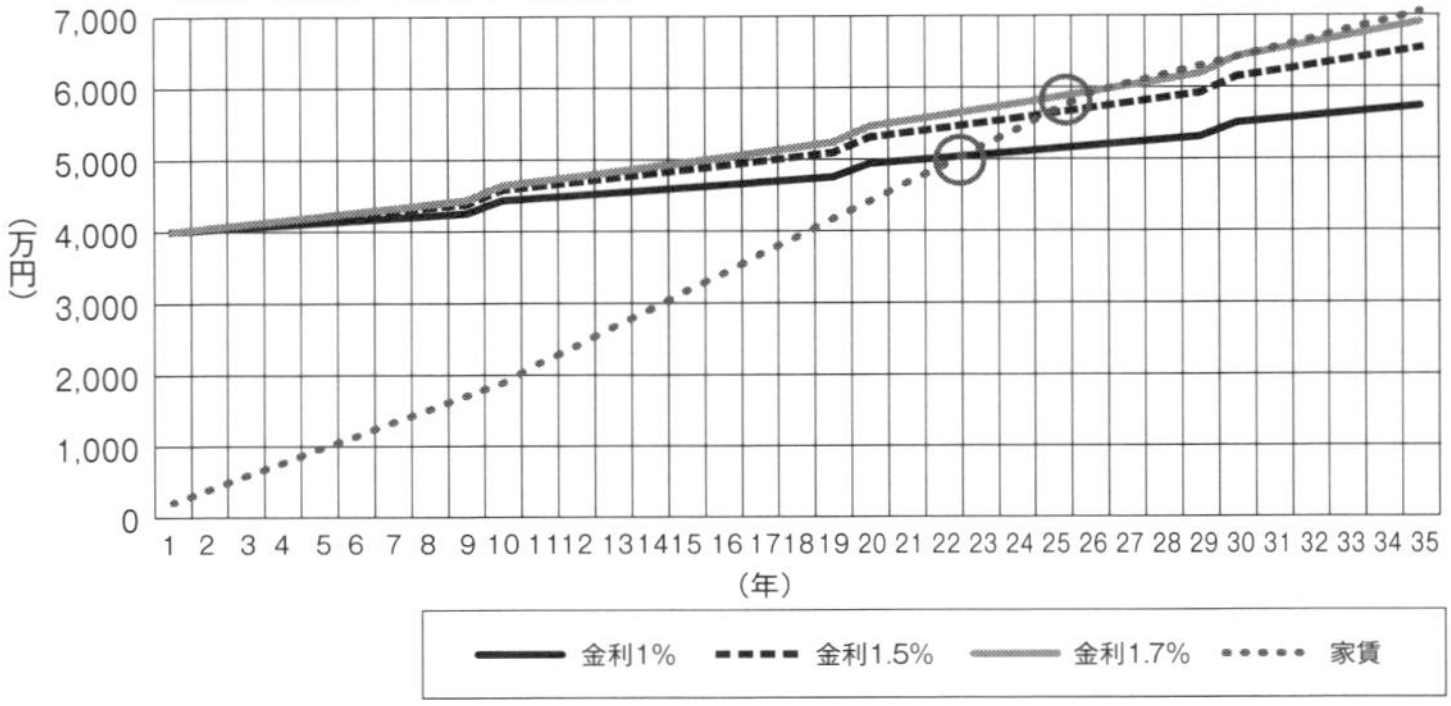

＊　　＊　　＊

この結果、いったいいくら払うのかを示したグラフが上です。住宅ローンと家賃の支払い額が逆転するのは、それぞれ左記のタイミングです。【図１－４】

金利が１％の場合（22年目）

金利が１・５％の場合（25年目）

ところが、金利が１・７％になると、最終的に賃貸の場合と支出はほぼ変わらないという結果になります。もちろん、賃貸は借りているだけですから手元にはなにも残らないのに対して、購入した住宅の場合は手元に土地と建物が残ります。

しかし、建物の価値はゼロです。35年

経った古屋はどんなに手入れが行き届いていても、現状では評価額はゼロなんです。

では、土地はどうでしょう。たしかに都心のど真ん中のような一等地なら買い手はつくかもしれません。しかし郊外や地方の土地では似たような物件が山ほど売りに出ていますから、まず買い手を見つけるのに苦労するでしょう。資産として価値を持ち続けるのは、本当に都心のごく一部だけと考えた方が良いです。これでは、賃貸でそもそも資産を持っていないのとまったく変わりがありません。

家賃は柔軟に変えられる

なお、今回想定したのは都心の一等地ではなく郊外の一戸建です。近隣の空き家率が上昇してくると転売はさらに難しくなります。運良く金利1%で逃げおおせたとしても、結局手元に残る住宅の資産価値がほとんどゼロです。

これに対して賃貸の良いところは、**自分のライフステージに合わせて家を借りなおせること**です。お金がなければ安い物件に引っ越せばいいという、当たり前のことです。2040年に向けて空き家はどんどん増えていくことが予想できますから、追い風が吹いているといえます。

なお、ここでは家賃が「15→20→10万円」と変化するパターンを想定しま

賃貸の良いところは、
ライフステージに合わせて家を借りなおせること。

したが、将来的に家賃が安くなるなら、家賃15万円のままより広い家に住み替えることも可能です。賃貸ならば、支払家賃もこのように柔軟に変えられるのです。

ということで、次に賃貸物件の家賃をこんな想定で計算してみましょう。

＊　＊　＊

●1～10年目は15万円（結婚して子どもがまだ小さいと想定）
11～26年目は15万円（子どもが大きくなって少し広い家に引っ越したが、家賃は変わらなかったと想定）
27～35年目は10万円（子どもが独立したので、小さい家に引っ越した想定）

＊　＊　＊

その場合のシミュレーションの結果が次ページのグラフです。【図1-5】

これは衝撃ですね！　賃貸の支払累計額がローンの支払累計額を逆転することはほぼありません。つまり、賃貸の方が明らかに安く済むということです。いや、金利1％固定の35年ローンを組めば、30年目以降に逆転のチャンスあるかもしれませんが……。

【図 1-5】住宅ローンと家賃　支払累計額の推移

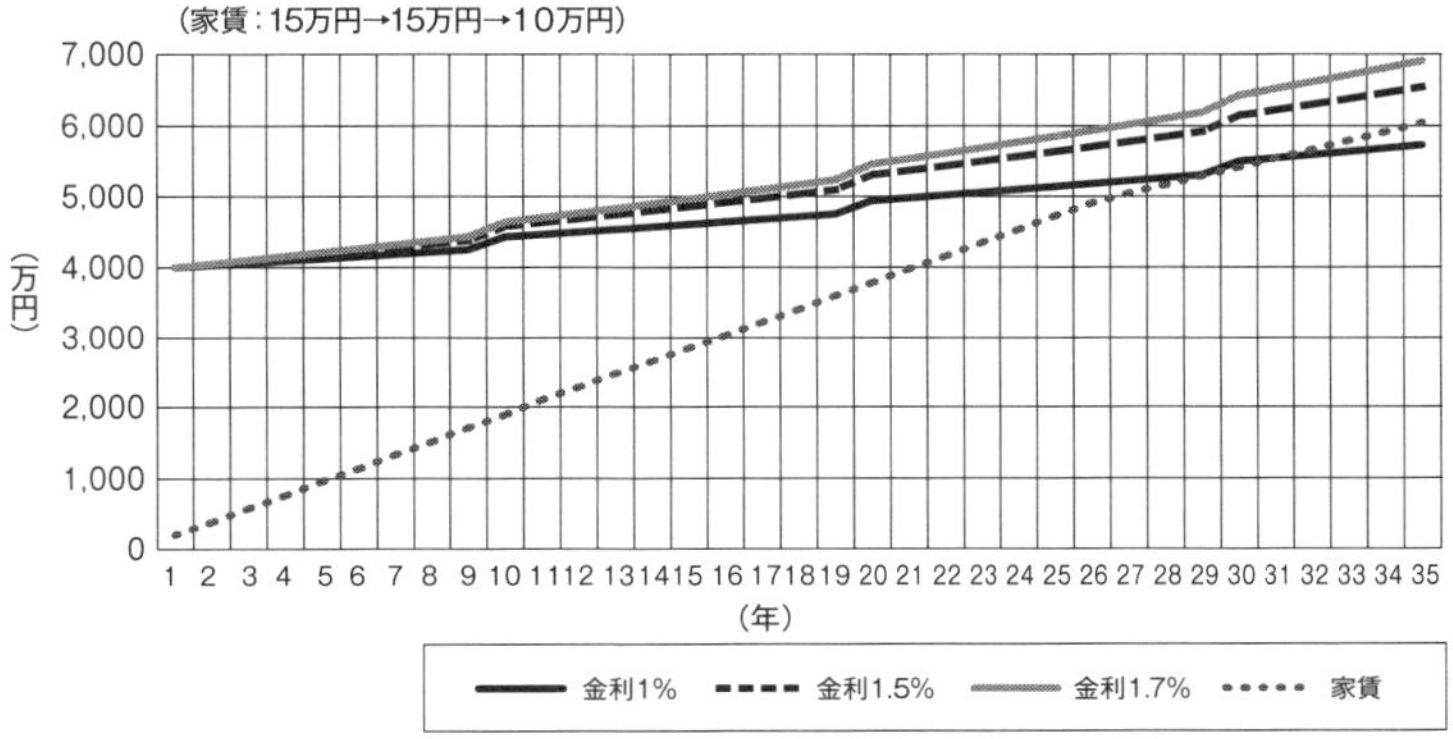

30年後の資産価値を測ることなどできない

こうしたシミュレーションからわかるように、マイホームを購入して得をするパターンは、不動産価格が上昇しているトレンドを維持している状況以外、考えられないのです。なにをどうやっても、転売が厳しい状況だとどうしようもありません。

では、転売価値が高い家を買えばいいじゃないかということになりますが、それってどんな家でしょう。

都心の一等地？　いや、それは高すぎて買えないですよね。じゃあ、都心の一等地にあるマンション？　いやいや、杭打ち不足やデータの流用をしていないか、怖くてとても買えません。業界ぐるみの不正は一個人では確認のしようがありません。

結論からいえば、30年後の資産価格がどうなっているか、予想するなんて不可能です。まして、超流動性の低い個別の不動産なんて、もうなにがどうなっているかわかりません。そもそも大地震が発生したり、富士山が噴火して東京が全滅したら、資産どころか、命も危ない。

将来どのくらいの価値になっているか予測できない資産を持つよりも、持たない方がずっと賢明です。**不確実なものを確実なものだと誤解するところから悲劇は始まるのです。**

ちなみに、今回のシミュレーションでは家を購入したパターンの固定資産税、ローンの手数料、土地売買の仲介料、各種保険代など不動産を買うときに必要な諸経費は便宜上、計上していません。しかし、実際には4000万円の家を買うのに、諸経費が400～500万円ぐらい上乗せされますので、収支はもっと厳しくなります。

一方、賃貸は引っ越し代を含めていませんので、都合3回引っ越すとして、1回当たり15万円～20万円なら合計で45万円～60万円の費用が上乗せされます。あとは火災保険料も未計上です。逆に、管理費、共益費は家賃に含まれるという想定なので、計上しなくてＯＫです。

これらの未計上費用を比較しても、家を買う方がかなり金額は大きく、支払いも継続的になりそうですね。家賃とローンの比較はエクセルなどを使えば簡単にできます。皆さんもお試しください。

支払総額をシミュレートしても
ローンの支払より家賃の支払の方が
トータルで安くなる！

もしインフレが続くなら、マイホームの方がお得？

家賃は景気ではなく「需給関係」で決まる

次に、住宅ローンに関連してマクロ経済状況との関係を説明していきます。

例えば固定金利1・5％で30年ローンを組んだ場合、その間インフレ率が2％で推移すると想定しましょう。その場合、物価に連動して高くなってしまう家賃より、固定で支払うローンの方が安くなるパターンは考えられるかもしれません。デフレを脱却する際には、物価が上がって、最後に金利が上がりますから。

では、実際にそんなに都合良くいくのか考えてみます。

もし年率2％のマイルドなインフレが今後30年も続いたら、日本経済は再びジャパン・アズ・ナンバーワン[4]に戻れるかもしれません。そうなれば会社の給与などもぐんぐん増えていくでしょうから、みんな調子が良すぎて、持ち家だろうが賃貸だろうが関係なくハッピーでしょう（笑）
ただし、それは金利が上がるまでの話です。
デフレを脱却した後には、今のような実質金利がマイナスの状態から、どこかのタイミングでプラス転換します。

4 ジャパン・アズ・ナンバーワン
元々は社会学者のエズラ・ヴォーゲル氏が1979年に出版した『ジャパン・アズ・ナンバーワン』（阪急コミュニケーションズ）という書籍名。しかし、80年代の日本はバブルを含めた成長期が続いていたため、このタイトルだけが独り歩きし、現在では単に「強い日本」という意味合いで使われることが多い。

例えば、30年ローンの半分ぐらい、ちょうど15年経ったところで金利が上がり始めたとしましょう。固定金利の人は残りの期間がお得になります――理論的には。正確にいうと、銀行が固定金利に上乗せしたプレミアム以上に金利が上がればということです。

現在、変動金利の住宅ローンは1％前後（安いところで0・5％ぐらい）、固定金利は2・5〜3・5％（安いところで1・3％ぐらい）です。概ね0・8％から1・5％ぐらいのプレミアムを抜かれています。

これ以上に金利が上昇すれば、固定金利の方がその分だけお得ということになります。逆に変動幅がプレミアム以内なら変動相場の方がお得です。正直、どうなるか予想するのはムリです。賭けです。

はっきりしていることは、金利が上がれば変動金利で住宅を購入した人の負担は増えるということです。「金利が上がりそうになったら固定金利に借り替えればいい」などと考えている楽天家がいるかもしれませんが、甘いです。そのころにはすでに固定金利が上昇しきっているので、どちらにしろ返済額の大幅上昇は避けられません。

もちろん、日本銀行がマイルドなインフレを達成すれば賃金もそれだけ上昇するので、ローンの返済はできるかもしれません。しかし、それこそロバート・キ

金利上昇で変動金利ローンの負担は増える。
しかも上昇のタイミングはわからない。

【図 1-6】短期プライムレートの推移

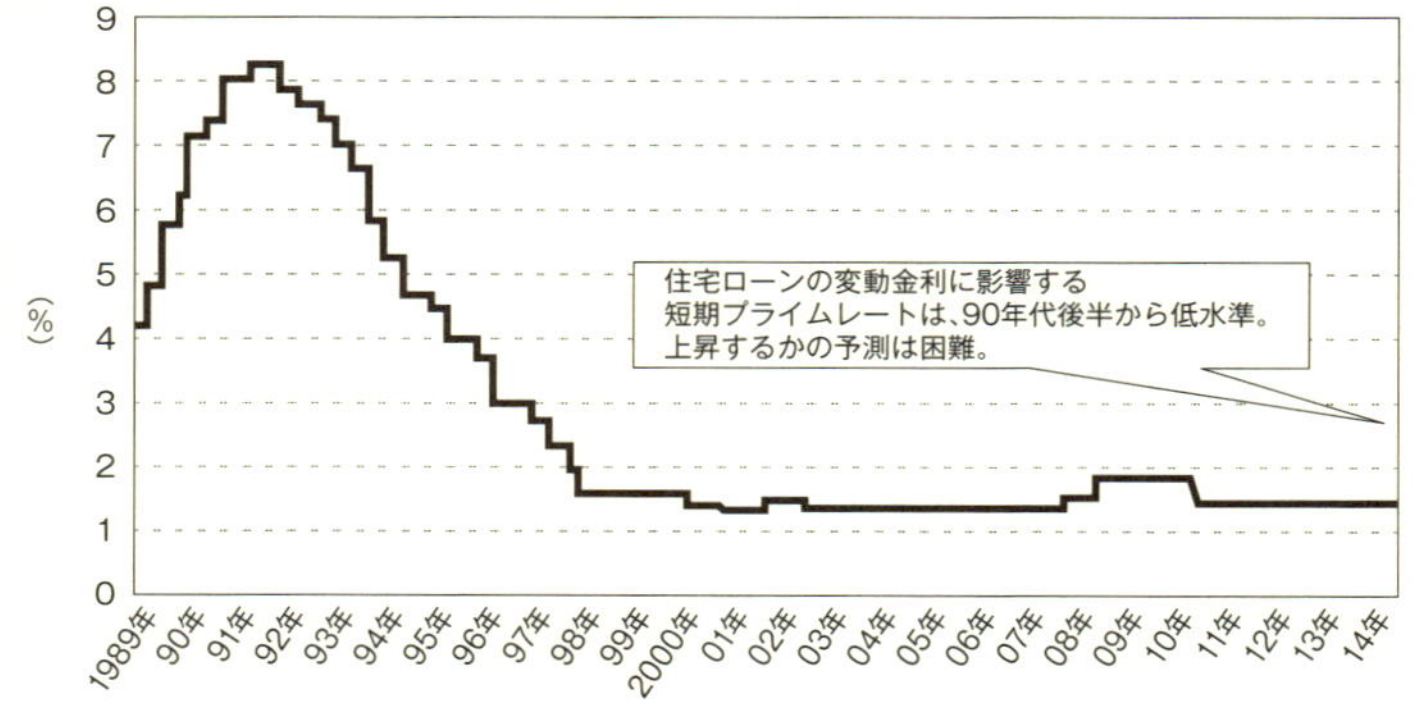

出典：日本銀行

ヨサキ氏が著書の中で語った「ラットレース」にほかなりません。収入が増えた分だけ借金の支払いも増え、お金に追い掛け回され続けることになるでしょう。しかも、家を買ってしまったら二度と逃げることはできません。

　また、すでに説明した通り、金利がいつ上昇するかを予想するのは不可能です。やはりリスクばかりが大きくてリターン（所有する不動産の価値）が小さいことに変わりはないので、どちらにしてもマイホームを購入した方が良いという結論には至りません。【図１－６】

家賃と土地の値段は市場が決める

　さて、ここまでは住宅ローンの話ばか

りでしたが、家賃はどうやって決まるのでしょうか。

家賃の場合、物価の上昇もさることながら、やはり需給関係の影響が大きいです。日本の景気が良くなって多くの人が日本に集まってくるなら家賃は上昇するでしょう。

しかし、外国人労働者にこれだけ厳しい規制[5]があり、移民もほとんど受け入れない日本においては、国内の人口動態の影響が家賃に及ぼす影響の方が圧倒的に大きい。ですから、これまで見てきたように、過剰供給と過小需要でなかなか上がりにくいという現実にあまり変化はないでしょう。

もちろん、マイルド・インフレ[6]30年の間に起こる金利上昇は良い金利上昇なので心配はいりません。景気が良くなって失業が減って、給料がある程度上がってから出てくる問題ですから。

ちなみに、個別の地価も基本的には需給関係で決まります。インフレ率が長期的に2％以上になるようなマイルド・インフレが続いた場合、店舗などの需要が増すので、収益が見込める好立地はそれなりの上昇があるかもしれません。住宅地でも人気のあるところは当然上昇するでしょう。

とはいえ、目に見えて上昇する土地は非常に限られると予想します。前述の通

5 これだけ厳しい規制
2015年現在、出入国管理及び難民認定法（入管法）において、日本で就労が認められているのは「外交」「医療」「教育」など一部の分野に従事する人間やホワイトカラーのビジネスパーソンなどに限られており、いわゆる単純労働者の在留資格は認められていない。

6 マイルド・インフレ
別名、クリーピングインフレーション。一般的に、景気の拡張期にはインフレになるとされており、インフレ率が緩やかに進むと経済が健全に成長しているとみなされる。日本のような先進国においては、一般的には2～4％程度の物価上昇率がマイルド・インフレと呼ばれる。

り、人口動態的に買う人が減り、これまで作りすぎた住宅は余っているわけですから。せいぜいなところ、都心の一部は上がるでしょうが、全国で見るととても緩やかな上昇にとどまると考えるのが妥当です。

あり得るとしたら、商業地の上昇にともなう住宅地の「連れ高」でしょうか。例えば、吉祥寺という街全体の地価が上がるなんてことはあり得ます。

要は、「商業地にたくさんのお店が集まる→町としての魅力が増す→住みたい人が増える」という経路ですね。

たとえインフレが続くとしても、
将来的な金利上昇を考えれば
家を買うのは賢い選択ではない！

「タワマンで節税」という悪魔の誘惑

国税庁はすでに見抜いている

横浜でマンションの杭打ち工事の偽装問題（くわしくは章末コラムを参照）があったため、マンションを購入することが非常にリスキーだということを多くの人が学んだかと思います。しかし、それで諦めるほど不動産業界にはびこる悪魔たちはやわではありません。彼らはさまざまな甘言を用いて、あの手この手でマイホームを購入させようとするのです。

そこで、ここでは「タワーマンションを購入すれば相続税の節税に使える」という悪魔の誘惑について考えましょう。

例えば都心の高級タワーマンションを購入するとします。こうしたマンションは基本的に低層階は安く、高層階は高い値段がついているものです。その価格差は概ね3割～4割程度。4階の物件が1億円だとしたら、50階の物件は同じ広さでも1億3000万円～1億4000万円ぐらいになります。

ところが、相続税の評価額の算出において、建物は固定資産評価額（時価のおよそ40〜60％程度）で、土地は敷地全体の面積を専有部分の面積で按分《あんぶん》して価値を計算します。つまり、低層階でも高層階でも、部屋の広さが同じならば土地部分の評価額は同額なのです。ということは、狭い土地に部屋がたくさん分かれている高層階の高額物件ほど、相続税評価額との間に大きな差があるため、節税効果が高くなります。

うまくすれば相続税を支払わなくても済む？

現金で相続する場合、相続税評価額＝現金の価値となり、なんら節税メリットはありません。これに対して、タワーマンションで相続する場合は「相続税評価額＜タワーマンションの時価」となり、差額が大きいほど税負担が減ります。さらに、わざと借金してタワーマンションを買えば、借金の分だけ相続財産を圧縮できるのです。

例えば、相続したい財産が1億円あったとしたら、わざと1億8０００万円の物件を8０００万円借金して買うのです。マンションの評価額はせいぜい6０００万円ぐらい。ところが、借金という現金のマイナス財産が8０００万円ですから、子どもが相続する財産は差し引きしてマイナス2０００万円となります。純資産がマイナスの人には相続税がかからないので、税金を払わずに財産を残すこ

【図1-7】タワマン節税の仕組み

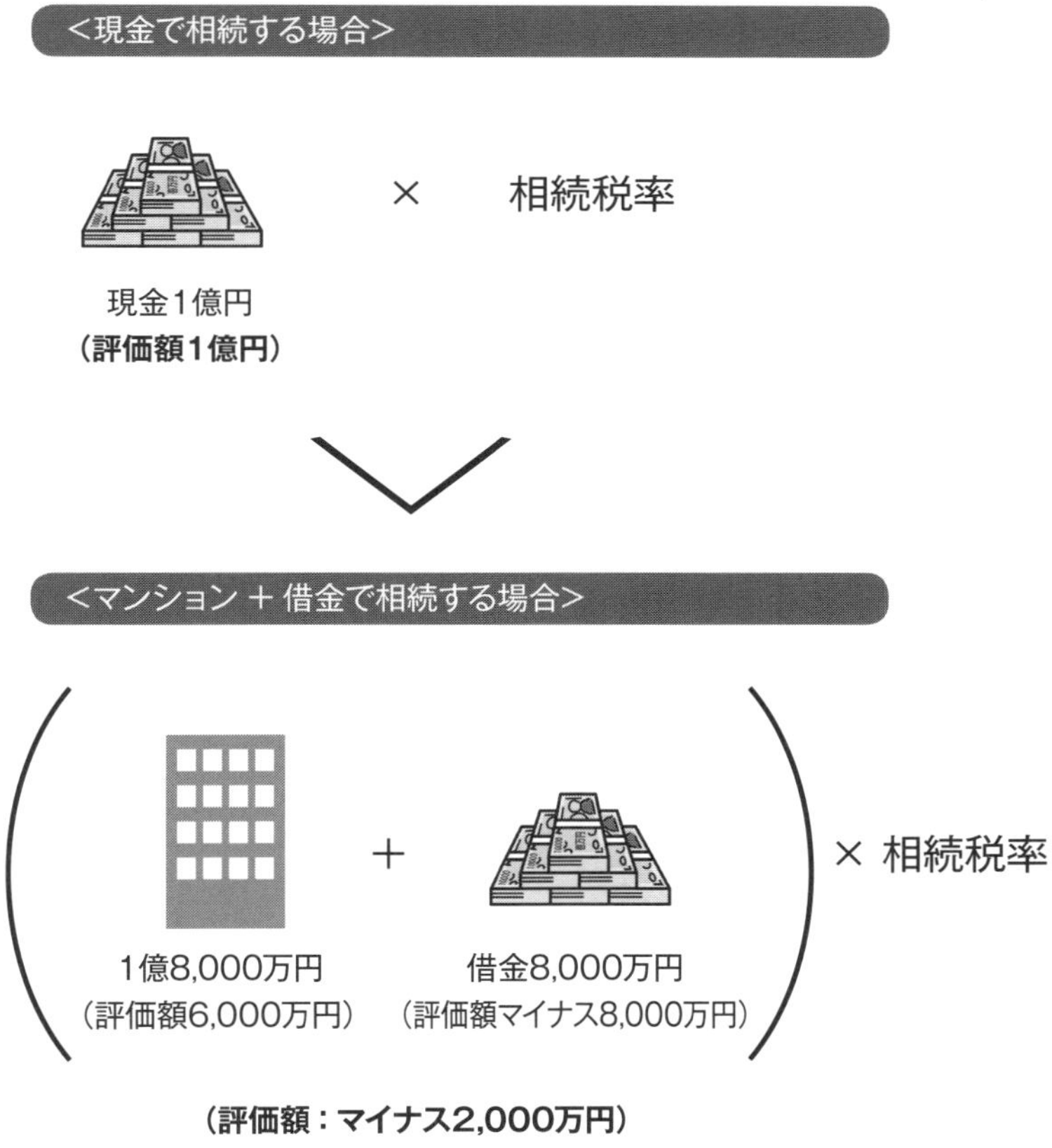

とができるわけです。【図1-7】

相続した子どもは、実際には1億8000万円相当の価値があるマンションをさっさと売るなり、他の人に貸すなどして賃料をせしめればOKですね。

これが本当ならタワマン相続・万々歳です。さすが悪魔！　資産家にはすごく魅力的な提案ですね。

しかし、こんなボロい商売を国税庁が黙って見逃すはずはありません。『旬刊速報税理』（ぎょうせい）の2015年7月11日号で、国税からタワーマンションを狙い撃ちしたパブコメ（パブリックコメント＝意見公募手続き）が出たとの報道がありました。

この手続きが始まると、関係省庁などが法律改正に動くといわれています。建前上は、広く国民一般から意見聴取を行って、その内容を法改正する際の検討材料に加えるというもの。つまり、この節税スキームはもう終わりです。

おそらく相続評価額と実勢価格（実際に市場で取引されている価格）との乖離《かいり》を縮小させるなんらかの見直しが行われることでしょう。なので、将来的な節税を目的にタワーマンションを買った人は大損こいてしまうかもしれません。そもそも、これらのお金は本来であれば支払わなければならない税金なわけですから当然です。神罰だと思って諦めるしかありません。

実際、すでにこのタワマン節税が否認されるケースも出ています。

2007年に、親が死ぬ1か月前に3億円で買ったマンションを死亡後に路線価[7]の5000万円で評価して相続税を払い、1年後に売ったケースがありました。このケースでは後から国税が来て「このマンションは税逃れのために買いましたよね？　だとしたら相続税の金額が違います。3億円でお願いします」ということになりました。さすがに死ぬ直前はやりすぎです。しかも、このケースでは親が認知症を患い体も弱っていて、親名義のマンション購入契約書もすべて子どもが代理で書いていたそうです。バレバレですね。

タワマン節税はどうやっても成立しない

では、親がまだ元気なうちに同じスキームを使えば問題ないのでしょうか？　しかし、その場合も親が想定外に長生きしたりすれば、結局物件の価値はどんどん下がってしまい、損をすることになります。何度も確認した通り、東京の不動産は今後も余りまくるわけですから。

もっと頭をひねって、思いっきり借金をして資産より負債が多い状態でやってみたらどうでしょう？　確かに、負債が資産を上回れば相続税はゼロです。悪魔

7 **路線価**
不特定多数が通行する道路に面する宅地の1㎡当たりの評価額のこと。厳密には相続税を決定するための「相続税路線価」と、固定資産税などを算出するときに用いる「固定資産税路線価」に分けられるが、一般的に路線価といったら「相続税路線価」のことを指す。路線価は地価公示価格に基づき、国税庁によって毎年定められている。

はこの経路で、国税庁から逃げられるのでしょうか？

いいえ、これも親が死ぬ1か月前など、確実に相続が発生するタイミングを押さえていない限りダメです。法改正前の今でさえ確実に否認されます。結局、売却までの時間が長くなればなるほど、将来の物件価格の下落リスクがでてきてしまいます。本当に価格が下落してしまった場合、借金をして単なる高値掴みをしただけで終わります。

では、日本銀行がインフレターゲットを達成して、物価がマイルドなインフレ状態、たとえば年率2％で上昇していったらどうでしょう？　マンションの保有期間が長くなっても価値が下がらず、これならいけそうな気がしますよね。

しかし、残念ながら、物価が上がっていったとしても、それは必ずしも建物価格の上昇を意味しません。建材の価格が上がっても、すでにマンションとして組みあがったものは違うメカニズムで価格が決まるからです。

そのメカニズムは「需給関係」。これに実質金利が大きな影響を与えるという話はすでにくどいくらい説明しました。ということで、タワーマンションを使っても税金の支払いからは絶対に逃げられません。

どんな悪あがきしても無駄。やはり、タワーマンションを買って節税しようなんて悪いことは考えず、神の教えに従って清く正しく賃貸で暮らしましょう。

恐ろしき修繕積立金の罠

「最初は安く、後から高く」が悪魔の常套手段

マンションを購入する際、どれくらいの人が「修繕積立金」[8]の項目をしっかりチェックしているでしょうか。もし、ここが「未定」となっている物件があれば、それはかなりマズいです。

実は、国土交通省では修繕積立金の計算方法のガイドラインを発表していて、誰でもどのくらいの修繕積立金が妥当か、自分で計算できるようになっています。たとえば、20階建て高層マンションで80㎡の部屋の修繕積立金を計算すると、1万6480円／月。1㎡当たりの単価はだいたい200円だとわかります。【図1-8】

でも、新築の物件をなるべく安く見せたい業者は、この金額を大幅にディスカウントします。確かに最初のうちはメンテナンスが必要ないですから、積立金が少なくても問題ありません。仮に平米単価を100円にしたら、80㎡の部屋の修繕積立金は8000円／月となるわけです。家計にも優しいね（ニッコリ）。

――というのが悪魔のささやきなのです！

8 修繕積立金
分譲マンションなど、複数の個人・法人が共同で所有・管理している建物の大規模修繕のために全員で積み立てておく費用のこと。管理費と混同されがちだが、管理費は管理人への給与や清掃・エレベーターの整備など、日常的なメンテナンスのためのものである。

【図1-8】国土交通省の修繕積立金のガイドライン

算出式　Y=A×X（+B）

Y：修繕積立金
A：占有床面積当たりの修繕積立金の額（下表参照）
X：占有床面積（㎡）
B：機械式駐車場がある場合のみ、別途加算する

階数／建築延床面積		平均値	事例の3分の2が包含される幅
15階未満	5,000㎡未満	218円／㎡・月	165円～250円／㎡・月
	5,000～10,000㎡	202円／㎡・月	140円～265円／㎡・月
	10,000㎡以上	178円／㎡・月	135円～220円／㎡・月
20階以上		206円／㎡・月	170円～245円／㎡・月

例）20階建て、建築延床面積が8,000㎡のマンションの、専有床面積80㎡の住戸を購入する場合

目安の平均値　80㎡×206円／㎡・月　＝　16,480円／月
目安の幅　80㎡×170円／㎡・月　＝　13,600円／月から
80㎡×245円／㎡・月　＝　19,600円／月まで

修繕積立金はあとあと高くなる可能性が

毎月8000円も積立金が不足したら10年後に不足額の累計は1世帯当たり100万円近くになります。つまり、1回目の大規模修繕からして、お金が足りないかもしれないのです。まして、2回目の大規模修繕に向けた積立においては、今までディスカウントしていた分を上乗せしてお金を集めないと足りません。建物が古くなればなるほどお金がかかりますから……。

だから、本当は新しいうちから正規の金額で積み立てて運用しておかないとダメなんです。でも、管理組合なんて素人組織がしっかり運用するのは無理でしょ

う。積み立てたお金がたくさんあったら、理事長が流用する危険性もあります。

でも、修繕積立金を安く見せかけている物件は現実にあるのでしょうか?

もちろん、あります。さすがに実名は出せませんが、私がちょっと調べたところ、ウォーターフロントのさる分譲マンションにありました。国土交通省のガイドラインに従えば、この物件で本来徴収すべき修繕積立金は毎月1万3421〜1万9342円(平均値は1万6263円)です。

ところが、この物件で徴収されている修繕積立金は8600円/月のみ。しかも築10年を越えていますから、そろそろ大規模修繕が入ると考えられます。次回に向けた積立金はドーンと値上がりするのではないでしょうか?【図1-9】

これは、いずれ物件の売値より修繕積立金の方が重くなるという兆候です。

マイホームだって維持費がかかる

さて、マンションの修繕費の話を聞くと「ウチは戸建てでよかった」なんて思う人がいるかもしれません。しかし、それは甘いです。マンションの場合は修繕積立金として徴収されるので意識しますが、戸建てだって当然ながら維持管理費はかかります。

もちろん、戸建ての場合、数十階建ての鉄筋コンクリートより維持管理費は安

【図 1-9】累計修繕積立金の差

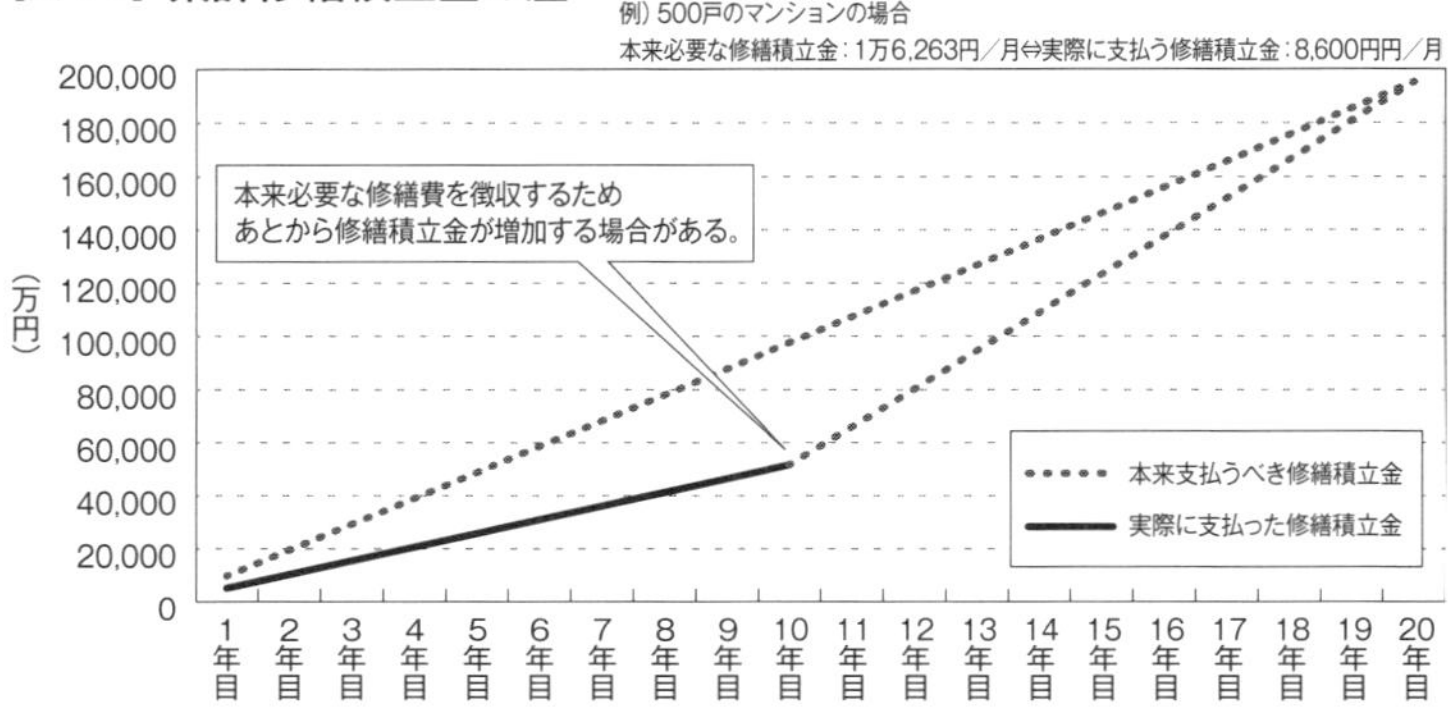

くなります。しかし残念なことにいくら維持費をかけても、ローンを払い終えるころには建物の価値はゼロです。

なぜか？

どんなに手入れした家でも、住宅は「駅から○分」「○ＬＤＫ」というカタログスペックでしか評価されないからです！

私が昔買った家は、床暖房や浴室乾燥、屋根裏収納など、それはそれはこだわって建てた家でした。しかも3年半しか住んでない、某ハウスメーカーの立派な注文住宅です。

しかし、売るときの評価において、そんなことはまったく価格に反映されませんでした。私の家よりもダサくて、ボロくて、床暖房などがついてない家でも、駅までの距離が半分ならそちらの方が高

残念なことにいくら維持費をかけても
ローンを払い終える頃には家の価値はゼロです。

いのです。本当に悔しかったです……。

その屈辱の中で私は悟りました。これは悪魔の教えであったと……。そして気が付いたのです、神の福音に！

私は理解しました。バカのふりをして、本当に価値の高いものを安く手に入れるべきだと。悪魔を利用し、悪魔に魂を売った者の中に紛れ込んで、見えない場所から攻撃すべきだと‼

そこで私は家に対する考え方を180度変えました。皆さんはくれぐれも、私のような失敗をしないように気を付けてください。

老朽化・オーナーの高齢化が進むマンション

悪魔の誘いを跳ね除ける知識を身につけなければならない

牧野知弘氏の『２０２０年マンション大崩壊』（文藝春秋）を読みました。

驚きました。牧野氏とは全然面識がありませんが、不動産市場に対する現状認識が私とまったく同じでした。某偽装右翼と共産党宣言のシンクロ率[9]と同じぐらい、完全一致です。都心のマンションの老朽化や、マンションのオーナーが高齢化したことによる弊害など、まさにおっしゃる通りです。

本書で取り上げた問題認識を補完する内容になっておりますので、ぜひお読みください。実際、マンションの老朽化とオーナーの高齢化は大きな問題です。【図1-10】【図1-11】

ちなみに、牧野氏は不動産会社ご出身ということで、最後の方には少子高齢化が進む日本のマンション状況を改善するプランをいくつか提案されています。

ただ、この点については、残念ながら私はかなり異論があります。例えば、マンションの買取機構を作って、土地代相当額の現金でマンションの所有権を買い取ることで、マンションの空き戸を防ぎ、新陳代謝を活性化させるというプラン

9 **某偽装右翼と共産党宣言のシンクロ率**

保守の論客を自称しながら、その主張が共産党の機関紙『しんぶん赤旗』にそっくりな人のこと。特に、TPP反対、新自由主義反対など反米スローガンは声高に叫ぶくせに、尖閣諸島や南シナ海における支那の侵略行為については沈黙したり、反米スローガンの3分の1ぐらいしか批判しない人がこれに当たる。

【図 1-10】マンション世帯主の年齢層

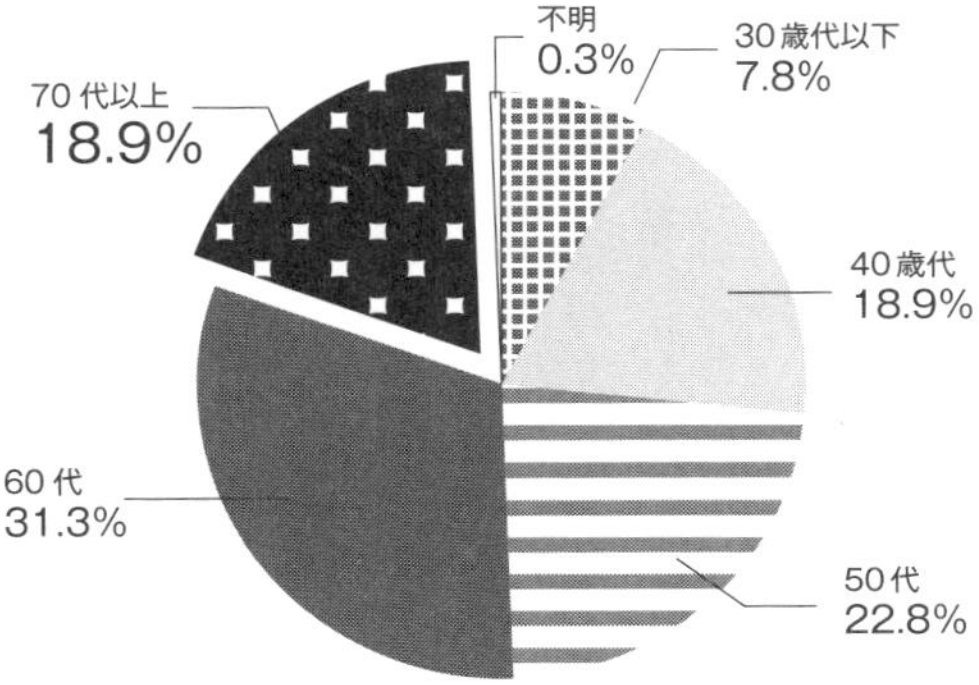

出典：国土交通省の平成２５年度マンション総合調査

【図 1-11】マンションの完成年次分布

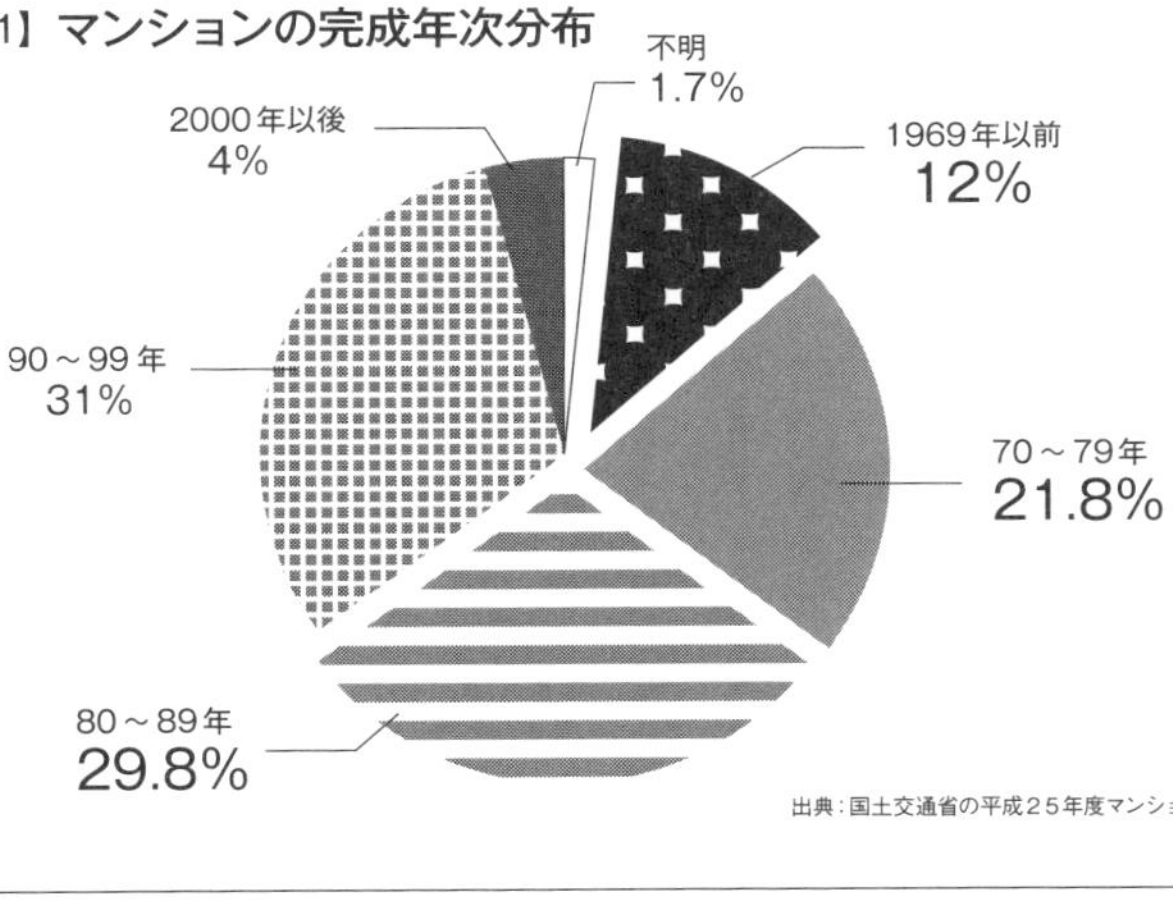

出典：国土交通省の平成２５年度マンション総合調査

についてです。

この考え、ざっくりいうと次のような感じです。

老朽化が進み、オーナーも高齢化してきたマンションと買取機構が交渉を行います。そこで、出ていきたい人はキャッシュを持って引っ越し、そこに住み続けたい人はキャッシュをもらったうえで月3～4万円の金利相当分を機構に支払って死ぬまで住むのです。そうすれば住民は修繕積立金から解放され、かつ所有権は機構に移っているので大規模修繕や建て替えなどをスムーズにできる、ということです。

買取機構案がうまくいかない2つの理由

しかし、私は悪魔を甘く見てはいけないと思います。悪魔に取り憑かれた人は、所有権を取られることは魂を抜かれることだと思い込んでいるからです。

彼らからしてみれば、自分の金で買ったマンションの所有権を失って家賃に類した金利を毎月払わなければいけないわけですから、「オレを賃貸人（＝二級市民）にするつもりか！」と逆ギレすることは間違いありません。今まで修繕積立金を毎月払っていた時と大して金額が変わらなくても、絶対に発狂します。彼らにとって、それとこれとは話がまったく別なのです。だって悪魔に取り憑かれていま

悪魔に取り憑かれた人は、所有権を取られることは
魂を抜かれることだと思い込んでいます。

すから！　彼らの行動は合理性ゼロです。

さらにいえば、買取機構側のメリットがわかりません。住民がまとまらずに空き家だらけになったマンションは、最終的に二束三文で買い叩かれるか、土に還るかのいずれかです。将来的にタダになるものをわざわざお金を払って買う必要はありません。

新築用の土地はいっぱいあるわけですから、わざわざ古いマンションをつぶして建て替えるよりも、そちらにゼロから建てた方がデベロッパーはもうかります。既存のマンションはタダ同然になって、「お願いですから買ってください」と買取機構に懇願されてからの方が楽ですし、安く買い叩けるでしょう。

デベロッパーが狙っているのはおそらくこれです。税金を使って買取機構を作ったところで、よほどの一等地じゃない限りデベロッパーは手を出さず、買取機構が扱うような玉石混交なら玉しか拾わないでしょう。

つまり、買取機構は税金を使って個人からゴミを買い取り、追い銭してデベロッパーに買い取ってもらうことにしかならないのです。しかし、それは結局、マンション所有者とデベロッパーを補助金で救済するのと同じです。こんな制度を始めても、絶対に長続きはしないでしょう。

市場取引の活性化でマンションの価格は適正になる

私としては、こうした問題を防ぐためにも、市場の働きを強化した方が良いと考えています。買取機構が提示する価格はしょせん「公定価格」であって、市場で評価された適正な価格ではありません。しかも、その「公定価格」を補助金で維持するなどというのは、かつて廃止された生産者米価[10]と同じように、最初から続けることが困難なのです。そもそも、補助金を使って市場価格よりも高い値段で売買しようという試みが間違っています。

むしろ、市場取引を活発化させて大量の物件が売り買いされる状況を作ることで、市場参加者（マンションの購入を検討している人々など）にその物件の本当の価値がわかるようになります。今は新築マンションが高く売買されすぎていますが、市場機能が強化されれば、適正な価格で売買されるようになるでしょう。

イメージとしてはインターネット証券のように、誰が、いつ、どんな物件をいくらで売買し、約定したかが開示されているのが理想です。株取引では当たり前の情報が、不動産サイトでは開示されていません。現行の不動産サイトでは売り手の希望小売価格が提示されいるだけですが、こうした情報が開示されることで、売り手は所有する物件の適正価格を思い知らされ、買い手も高い買い物をせずに

10 **生産者米価**
政府が米の生産者から買い入れる米の価格のこと。反意語は消費者米価。２００４年に廃止された。

済むはずです。

「タワーマンションは価値が下がらないですから！」

こういう不動産業界に巣食う悪魔たちが発するでまかせなセールストークが現実に成立しないことを目の当たりにすれば、無茶な開発は抑制されるのではないでしょうか。元々大して価値がないものを高く売る。これこそ悪魔の所業です。

こうした悪魔の教えを根絶して、人々を神の教えに近づける。この教えを実践する信者が増えることが日本の不動産市場を正常化するために必要なのです。


現在はマンションを建てすぎている。

市場の働きを強化させよ！

コラム 1

高学歴社員が起こした横浜のマンション事案

2015年10月、マンションに関するとんでもないニュースが世間を騒がせました。日本を代表する大手デベロッパー・三井不動産レジデンシャルが販売した横浜市の大型マンションで、基礎工事の際に地盤調査を一部で実施せず、虚偽データに基づいて工事をしていたことが判明したのです。

本来、マンションを建設する際には建物を固定するために地面に杭を打ち込みますが、一部の杭が「支持層」という強固な地盤までちゃんと届いていなかったのです。そのせいで建物の一部が傾き、ずれが生じてしまいました。しかも、施工データが「支持層に届いている杭のデータ」に改ざんされていたという悪質なものです。【図1-12】

それだけではありません。その後、杭を固定するために流し込んでいたセメントの量まで偽装していたことが発覚しました。

このマンション、販売当時の価格は80㎡以上で4000万円、75㎡以上なら3500万円だったそうですが、駐車場100％完備なので管理費、修繕積立金と合わせて月3万5000円かかるのが当時から高いといわれていました。とある

【図1-12】高層建築物の基礎

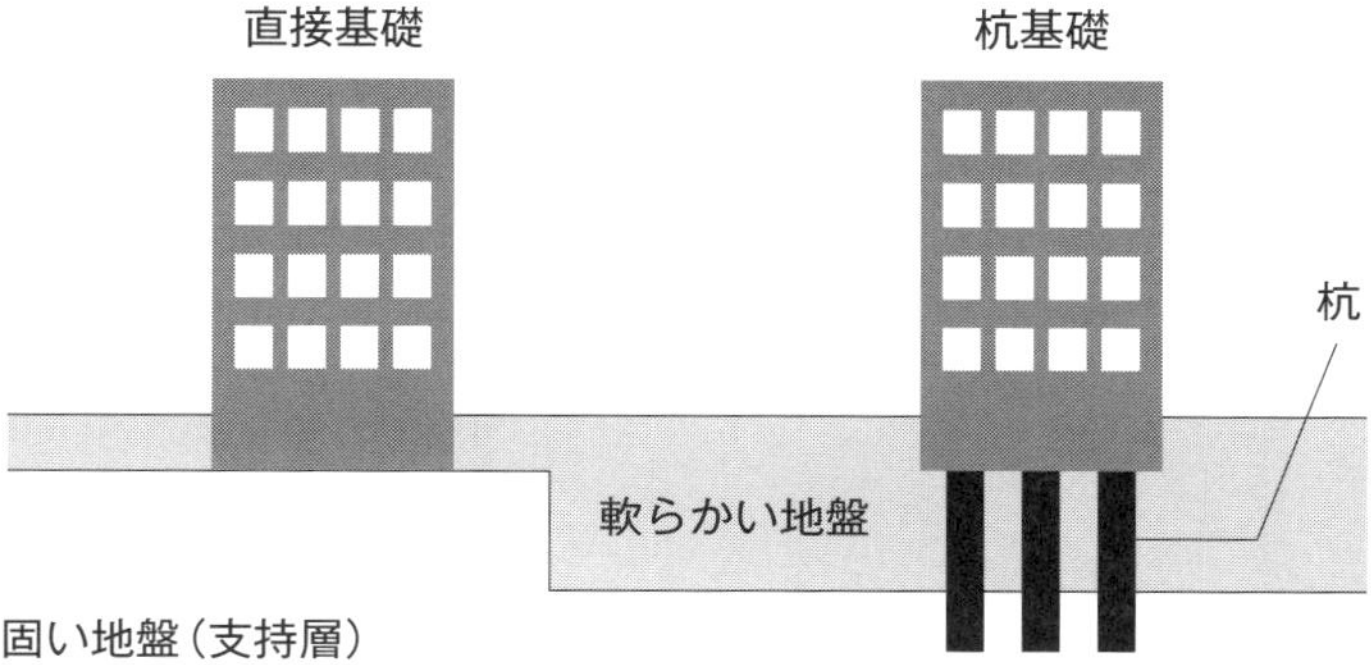

大型ショッピング施設の開発地域内にあるというプレミアムが乗っていたんじゃないでしょうか。まさに悪魔の誘惑です。

おそらく30〜35年ローンで購入していた人が多いでしょう。まだ8年しか払ってないですからご愁傷さまです。

マネジメントの怠慢が不正事件を引き起こす

この事件、典型的な「高学歴社員事案」かと思われます。太平洋戦争中に日本軍が実行した無謀な作戦にちなんで、マンションインパール作戦と名付けてもいいかもしれません。なお、「高学歴社員」とは私が拙著『高学歴社員が組織を滅ぼす』（ＰＨＰ研究所）で提唱した、大組織を腐敗させ、不正の原因となる困った人々を指す言葉です。

マンション販売競争が過熱すると、顧客の奪い合いで営業マンがしのぎを削ります。営業の基本は空手形を切って盛り上げ、契約書にハンコを押させることです。ハンコをゲットした後は、現場が必死でその手形を履行するために頑張ります。最初のうち、それでも現場はなんとかしてしまいます。しかし、そうすると営業の要求はどんどんエスカレートし、現場は大抵サービス残業でそれに応えようとします。

すると、現場の人はある日突然、体を壊すのです。例えばインフルエンザで2日休んだりとか。こうやって現場が切羽詰ってくると、「効率化」と称した手抜きが常態化していきます。

もちろん、だからといって経理部長や工場長が威張っている会社は伸びません。会社の主役は営業です。しかし、何事も過ぎたるは猶《なお》及ばざるが如し。本来は経営者がそこでバランスを取って、経理の意見や工場、現場の意見を反映しないといけません。ところが今回、デベロッパーはそのマネジメントができていなかったのです。

事件は人間のルールが自然よりも優先された結果

マンション建設は実際にモノを動かす仕事であり、土台作りは地盤という自然との闘いです。当然、自然が相手なら不測の事態が起こりうる。ところが、この件では「営業計画」という人間が決めたルールが、自然より優先されてしまった。まさに自然という神をも恐れぬ行為が、真の不確実性の顕在化を招いたのです。

社長の周囲にいた取締役たちは一体なにをしていたのでしょうか？　まさに、拙書に書いた通りです。身内に甘く、現場に丸投げ。これじゃいいマンションが建つわけがありません。

こういう人種がいる限り、なにも不動産業界に限らず、今後も企業の不祥事が世間を騒がせるでしょう。

第2章

日本人の不動産に対する考え方が変わった日

日本のバブルはアメリカの政策失敗が原因だった

不動産の価格は金融政策が左右する

ちょうどアベノミクスがスタートした2012年末に執筆して、13年早々に出版された拙書『異次元緩和の先にあるとてつもない日本』（徳間書店）に、不動産に関する基本的な見方が書いてありますお持ちの方もいるかもしれませんが、全体像を把握するのにちょうど良いので、この本から少し引用します。

＊　＊　＊

まず、1980年代からの資産バブルの原因となった日本銀行の過剰な金融緩和が、なぜ行われたのでしょうか。結論からいうと、これはアメリカの政策が失敗したことの尻拭《しりぬぐ》いでした。

1973年の第4次中東戦争を契機として第1次石油危機が起きると、日本とアメリカはともに不況を恐れて金融緩和を行い、その結果、狂乱物価[1]を招いてしまいました。石油危機が終わったあとも物価高は続き、アメリカのインフレ率は75年に12％、日本は74年に23％に達しました。この物価上昇を鎮静化させるために、日米ともに大幅な政策金利の引き上げを行い、アメリカは76年ごろ、日本は

1 狂乱物価
1974年ごろに日本で発生した異常な物価高騰。元々、日本銀行が金融緩和しすぎてインフレ基調が強かったところに、第4次中東戦争によるオイルショックが追い打ちとなり、一気に物価が上昇した。

75年ごろにまでに狂乱物価は落ち着きました。

ところが、1978年のOPEC（石油輸出国機構）による石油価格値上げ決定と、79年のイラン革命によって、再び石油危機が発生します。1バレル12・7ドルだった原油価格は3年間で2・7倍の34ドルまで上昇しました。

第1次石油危機のときと同じように、激しいインフレが発生するのを恐れた日本政府は、イランの政情不安を予想して、1979年から日本銀行による金融引き締め政策を実施しました。1月から都市銀行に対して貸出額を圧縮するように求め、4月には、それまで3・5%だった公定歩合[2]を一気に0・75%引き上げて4・25%にすることを決定しました。

その後も公定歩合は断続的に引き上げられ、1980年3月には9%になります。利上げ前に比べて、実に2・5倍もの急激な引き上げでした。その結果、需要は抑制され、第1次石油危機のときのような狂乱物価は発生しませんでした。

＊　＊　＊

アメリカの失策で円高、バブルへ

日本が第2次石油危機を見事に乗り切ったのとは対照的に、アメリカは第1次

2 公定歩合
日本銀行が民間の銀行に資金を貸し出す際の金利のこと。一般的に公定歩合が上昇すると市中銀行の金利も上昇するため、公定歩合の上下は景気に大きな影響を与える。ただし、2001年以降の金利自由化にともない、政策金利としての役割は終えている。

【図 2-1】オイルショックと日米の経済成長率

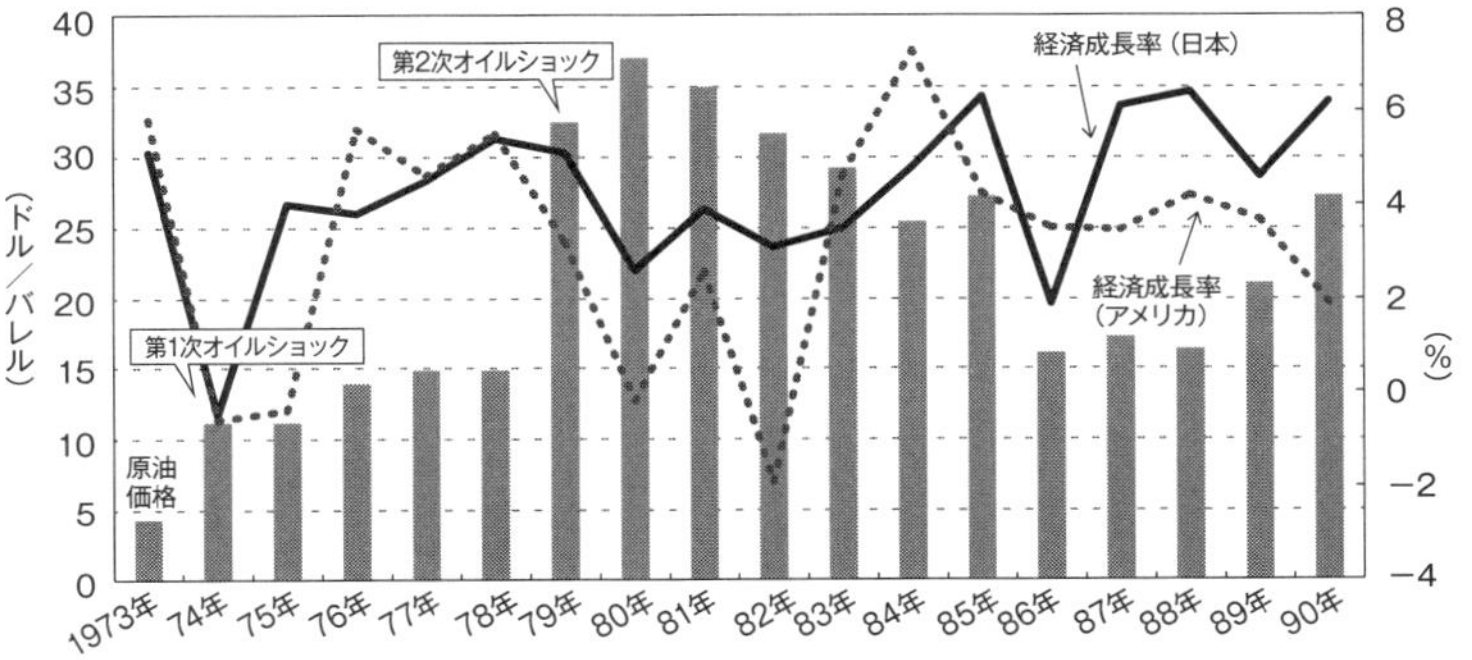

※原油価格は各年12月のもの　※経済成長率は実質GDPの伸び率
出典：Price of West Texas Intermediate Crude; Monthly NSA, Dollars Per Barrel、平成12年版国民経済計算年報、年俸（平成21年度確報）、World Economic Outlook Databases

石油危機よりも大きなダメージを被りました。【図2-1】

その後、アメリカは日本よりも遅れてFFレート[3]を10%前後に引き上げて、無理やりインフレを抑制します。しかし、その過程でさまざまな副作用を生み、国内景気の悪化を招きました。具体的には次の3つです。

①高金利による民間需要の低迷
②民間需要低迷に伴う政府支出の増大
③失業の増加

やがて、アメリカ政府は自分たちの経済政策の失敗による不景気を、日本とドイツに擦り付けようとします。そこで行われたのがいわゆる「国際協調路線」、

3 FFレート
フェデラル・ファンド（Federal Funds）レートの略称。フェデラル・ファンドはアメリカの銀行がFRB（連邦準備制度）に預け入れる無利息の準備金のことで、不足している銀行は余っている銀行から無担保で借りることができる。FFレートはその銀行間の資金の貸出金利のことである。一般的に、FFレートが上昇するとアメリカの市場金利も上昇する。

俗にいう「プラザ合意」でした。アメリカは1985年9月に主要国の首脳をニューヨークのプラザホテルに集め、為替相場を円高、マルク高に誘導させる国際合意を成立させます。それまで1ドル250円だった為替レートはわずか3か月で1ドル200円まで急騰しました。これが日本の円高不況の始まりです。

日本銀行はこの円高不況に対処するため、急激な金融緩和を行って景気を良くしようとします。これがのちの土地バブルへとつながっていくわけです。

つまり、土地バブルが発生した原因の根本にあるのは日本銀行の金融政策であって、日本の人口増加や日本人の土地神話[4]なんて副次的な要因に過ぎないということです。ここを押さえていないと、「人口が増えると地価が上がる」といったオカルト説を信じてしまうことになります。

バブルの要因を示す方程式

確かに、人口の増加が土地への需要を喚起することは事実です。しかし、政策金利が高く設定されていればローンの金利も高くなりますから、住宅の需要が爆発することはありません。

神は次のような方程式を迷える子羊に賜りました。

4 土地神話
特にあまり根拠もなく「不動産の価格は上がり続ける」と多くの人々が考えてしまっている状態。「多くの人々が土地を持ちたがる→土地を売りたい人が減る→土地の価格が上昇する」と信じられていたが、バブル崩壊以降はすでに成立しなくなっている。しかし、それでもいまだに信じている人が多い神話。

【図2-2】土地バブルの発生要因

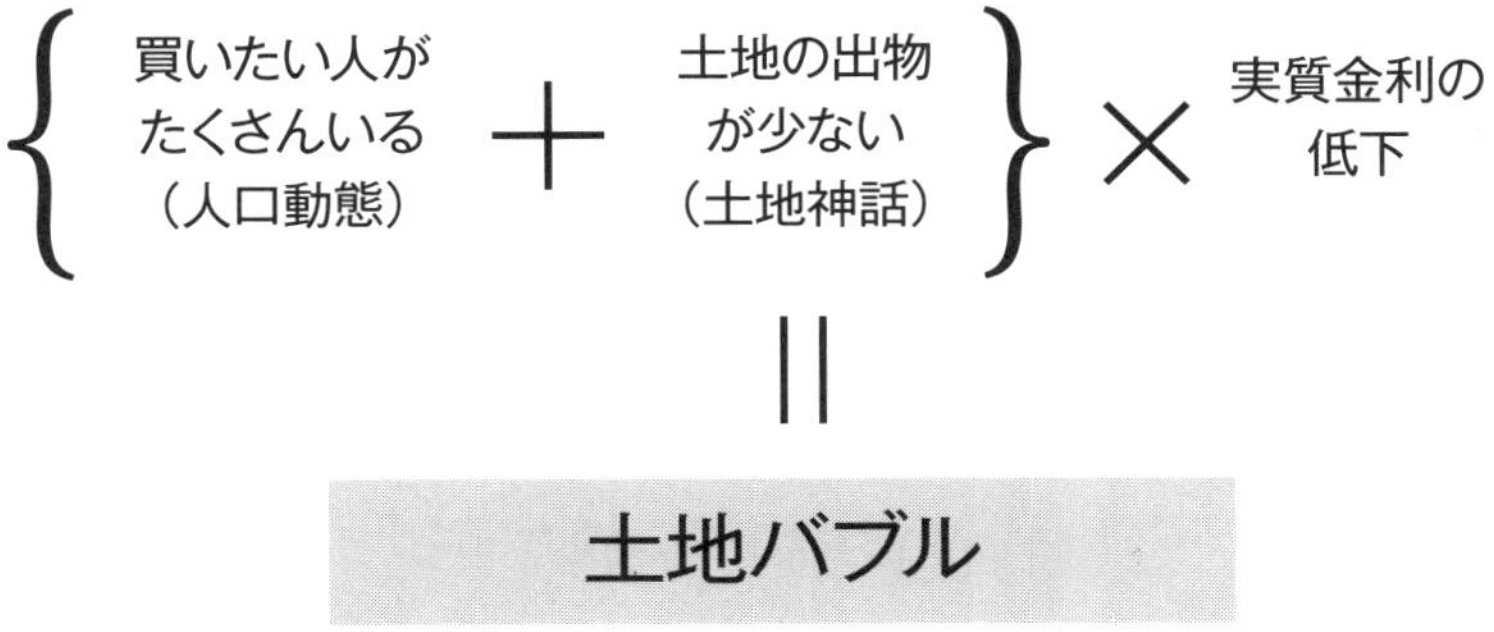

｛買いたい人がたくさんいる（人口動態）＋土地の出物が少ない（土地神話）｝×金利低下＝土地バブル【図2-2】

なお、金利はあくまでインフレ率の影響を差し引いた「実質金利」のことです。次の式から導き出されます。

実質金利＝名目金利－物価上昇率

名目金利がいくら低くてもデフレ下では物価上昇率がマイナスとなるため、実質金利はかえって高止まりします。例えばローンを組む際、契約書に書いてある名目金利がいくら低くても、デフレ下では実質的な金利負担は増えるので、惑わされてはいけません。

さて、あくまで土地価格の趨勢をとらえるイメージですが、この数式にある「人口動態」と「土地神話」は算術級数[5]的にしか作用しないのに対し、金利は幾何級数[6]的に作用することは注意しなければなりません。つまり、金利の影響は2倍、3倍と効いてくるのに対して、人口動態や土地神話は1+1、1+1+1という規模でしか効きません。金利の影響の方が圧倒的に大きいのです。

5%の金利が4%に下がるだけで下落した2割分のインパクトがそのまま土地の価格に反映されますが、人口はもともと影響力が小さい上に、せいぜい年に0・3%ぐらいしか変化しません。また、土地神話はあくまで「人々の意識」ですから、どのくらいの変化があるのか把握するのは難しいのです。イメージとしては、この2つを足しても金利のインパクトを超えることはないと考えましょう。

なお、この計算式はあくまで不動産バブルが発生する各要素の影響の大きさを大づかみに理解するためのものです。具体的な値を入れてもなにも出てきません。良い子の皆さんはざっくりイメージを把握するためだけに使ってくださいね。

ということで、次は神の方程式がもたらした過去の実例について考えてみたいと思います。

5 **算術級数**
等差級数ともいう。2、4、6、8、10のように、同じ数だけ増えていく級数のこと。

6 **幾何級数**
等比級数ともいう。2、4、8、16、32のように、一定の比率で増えていく級数のこと。

バブルの崩壊が日本人を変えた

日本の不動産価格が上りにくい原因とは

人口動態や土地神話も大事ですが、バブルの発生要因として一番影響が大きいのは実質金利です。そのことを頭に叩き込むために、実質金利の上昇がどれほど土地価格に深刻な影響を与えるのか、歴史を振り返りながら考えてみましょう。

1986年から日本銀行による公定歩合の引き下げが始まると、大量の資金が余るようになります。そこで、有り余った資金を消化すべく、日本銀行は「窓口指導」を行いました。窓口指導とは日本銀行が各金融機関の貸し出しの計画を具体的に指導することです。銀行からしてみれば、日本銀行が持つ大量の資金を低利で貸し出す口実を考える楽しい時間でした。

しかし、高度成長が終わって低成長時代に入った日本で、そんなに優良な融資案件ばかりであるはずがありません。自然と、資金は当時の成長フロンティアだったサービス業や不動産業に流れ込みました。1987年に総合保養地域整備法[7]（通称：リゾート法）も整備され、日本はこれから豊かな消費社会へと突き進む！という時代の雰囲気とともに、これらの業界は盛り上がりを見せていたのです。

7 **総合保養地域整備法**
リゾート産業の振興と国民経済の発展を促進するため、制定された法律。地方公共団体からの開発許可が下りやすくなったり、税制が優遇されたり、融資されやすくなるといった優遇措置がとられた。

その結果「公定歩合引き下げ→余剰資金の押しつけ→土地バブル」という順番でこの事態に至りました。

余談ですが、私は大学1年生だった1989年、花井杯争奪全日本学生雄弁大会[8]に「リゾート法その前に」という演題で出場して優勝しました（笑）

長期休暇もまともに取れない日本でいくらリゾートを開発したところで、誰も使わないゴミの山ができるだけだ。環境も破壊するし、そんなのやめた方がいい。先にバカンス法を制定して、まず「会社員が休みを取れる状況」を作り出すことが優先だ――といったものです。我ながら、なかなか先見性がありましたね！

公定歩合の引き上げと総量規制でバブルが終焉

風向きが変わったのは1989年の5月31日でした。

それまで2・5％だった公定歩合は一気に3・25％にまで引き上げられ、その後追加利上げで1990年の8月には6％に達しました。【図2-3】

この引き締め完了を合図として、約半年後の1991年1月には窓口指導も廃止されます。土地バブルは91年をピークに、瞬く間に崩壊に向かいました。

さらに、ここでとどめとなったのは大蔵省（現・財務省）による総量規制[9]でした。実は大蔵省も共犯だったのです。当時、地価の高騰に頭を悩ませていた大蔵

8 **花井卓蔵杯争奪全日本学生雄弁大会**
日本最古の弁論部、中央大学辞達学会が年に1回、開催している弁論大会。第一回が開催されたのは1946年で、日本の学生雄弁界でももっとも歴史のある大会とされている。大会の名前は1901年、辞達学会のルーツである生徒練弁会の擁立に際して中心的な役割を担った明治・大正期の大法曹、花井卓蔵博士から採られている。

9 **総量規制**
1990年3月に当時の大蔵省が民間の金融機関に対して行った行政指導のこと。具体的には、不動産向けの融資を抑えるように通達した。この結果、融資を約束していたものに融資をしなかったり、建設工事途中の融資を打ち切るなどした。

【図 2-3】 公定歩合の推移

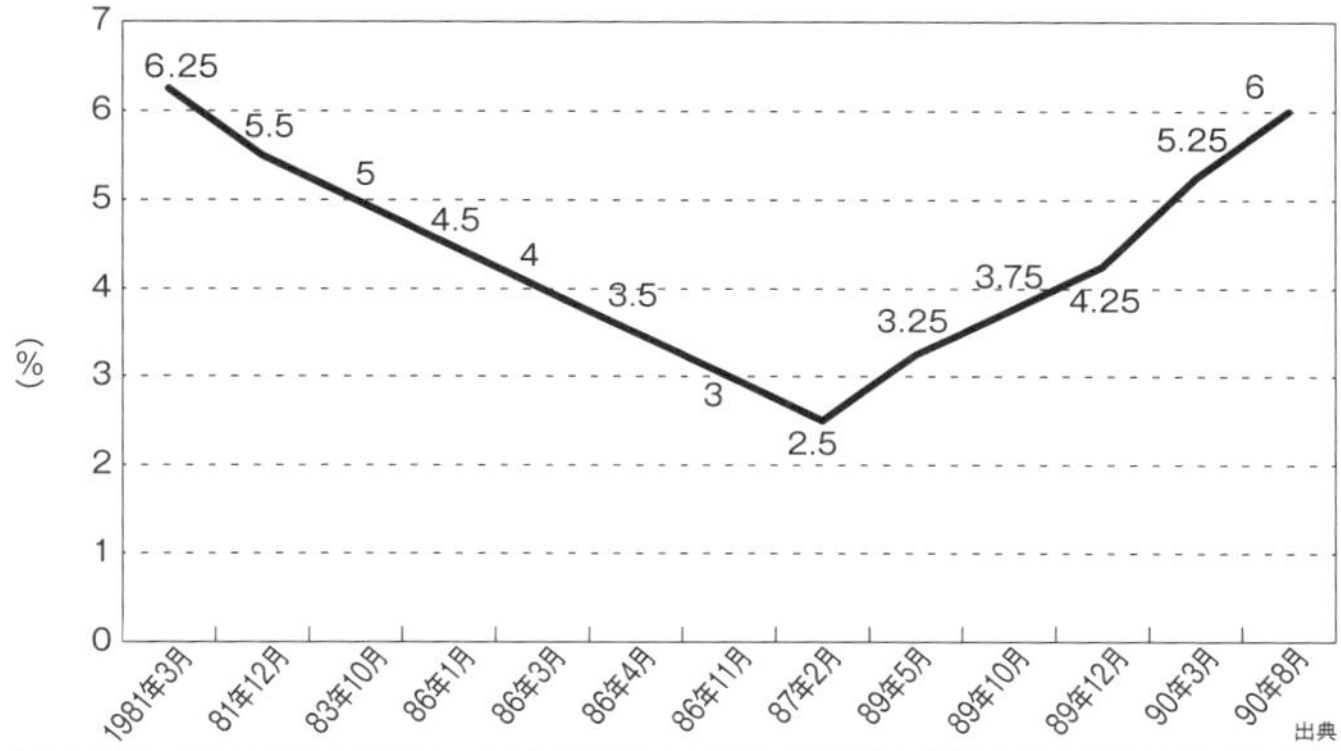

出典：日本銀行

省は、不動産向けの融資の総量を規制するという荒業を使いました。金利の引き上げだけでも相当な下押し圧力であるにも関わらず、窓口指導廃止と総量規制で資金そのものの量まで絞ってしまったわけです。

こうなったら人口動態も土地神話も関係ありません。東京圏で8倍、大阪圏で9倍に達していた土地価格はその後数十年にわたって下がり続け、バブルのピークからは程遠い水準まで暴落しました。

不動産市場のマクロ的な環境はいまだにこの問題を引きずっています。デフレ脱却に向けて日本経済はようやく動き始めましたが、地価はわずかに上昇した地域があるだけで、全体的にはまだ「下げ止まり」の状態が続いているのです。消費税の増税も、地価上昇の足取りを重くした一因です。

これに加えて、ミクロ要因も悪化してきました。すなわち「人口の減少」と「土地神話の衰退」です。１９９０年ごろは、どんな土地でも水をかければ勝手に芽を出す状態だったのが、今はいくら水をかけても、肥料をやっても、芽が出にくい状況になってしまいました。日本人全体の不動産に対する考え方、使い方が変化してしまったのです。

バブルの置き土産が残る湯沢町

バブル期の不動産価格の変動が現在も問題になっている事例のひとつに、新潟県湯沢町のリゾートマンション問題があります。

湯沢町は山間の町で、正直なところ、スキー場くらいしか観光資源がありません。バブルのころはスキーブームもあったため、不動産会社は続々とこの湯沢町に豪華なリゾートマンションを建設しまくりました。

しかしその後、バブルの崩壊とスキーブームの終焉によって一気にこれらのリゾートマンションの価格は下落。いまでは高級リゾートマンションが１００万円以下、安いところでは20～30万円程度で投売りされている状態です。

これで「安い！」と思った人、間違っても購入してはいけません。たしかに建

バブルの崩壊、人口減少、土地神話の衰退が、
日本人の不動産に対する考え方を変えた。

【図 2-4】スキー・スノーボード人口の推移

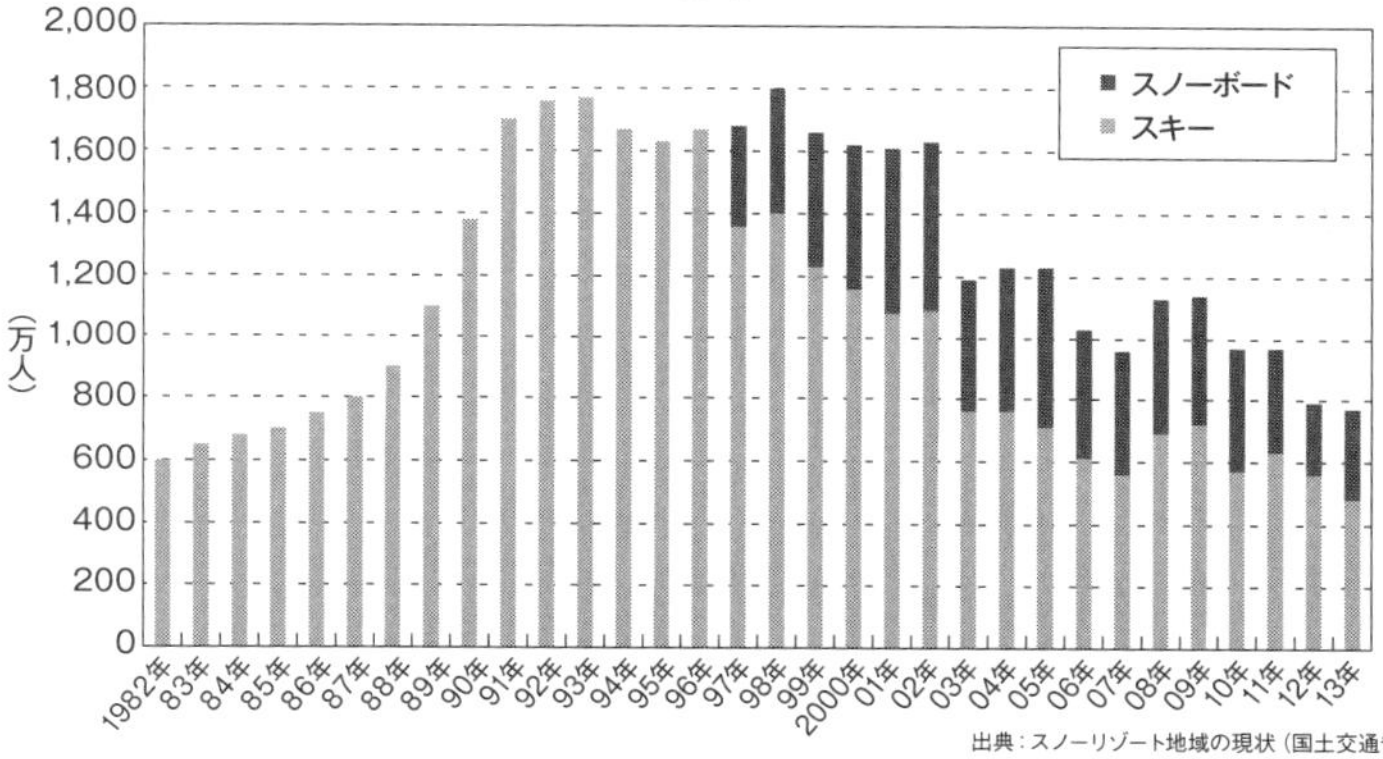

出典：スノーリゾート地域の現状（国土交通省）

設当初と比べれば破格の安さですが、リゾートマンションは共用部分がやたら豪華な造りになっているため、毎月の管理費が3～10万円程度と、ばかにならないのです。

しかもこれらのマンション、今後値上がりする可能性は限りなくゼロです。なぜなら、駐車場が部屋数分確保されていない、現在の感覚でいうと部屋が狭く家族向きでないなど、さまざまな理由で地元の人ですら手をつけない造りなのです。

そして、スキーブームはとっくに終わりました。「聖地」である苗場プリンスホテルですら、夏休み期間と冬季（12月中旬から5月の連休まで）しかオープンしないシーズン営業を実施しています。

【図2－4】

このような状況では、そもそも買い手を見つけるのが大変でしょう。一度購入してしまったが最後、もう二度と売るに売れず、半永久的に管理費や修繕費、固定資産税だけを支払い続けなければならない恐ろしい物件なのです。

個人的には、こうした事態が将来、都心の不動産でも起こるのではないかと考えています。その可能性は、十分にあり得るのです。

バブル崩壊は金融政策が原因。
地価に影響を与えるのは
金利の影響がはるかに大きい。

人口動態も土地神話も、その影響は限定的

私もかつては「土地神話」という邪教を信じていた

ここまでは不動産価格にもっとも強い影響を与える金融政策について考えてきました。１９８９年5月からの日本銀行による金融引き締め、そして91年からの総量規制と窓口指導の廃止によって、不動産価格はピークを打ち土地バブルは崩壊しました。それがどれぐらいのインパクトだったかを示しているのが次ページのグラフです。【図２-５】

このサイトは都道府県別に１９８３年からの地価の推移をチェックできるので、ぜひお住いの地域の地価の「歴史」を確認してください。転ばぬ先の杖となること請け合いです。

では、このときミクロ要因としての「人口動態」と「土地神話」はどうだったのでしょう?

人口比率は地価に影響を与えない!

まずは「人口動態」から見ていきます。

住宅バブルは30代後半から40代の人口の増加がキーになるという悪魔の俗説が

【図 2-5】日本全国の地価推移グラフ

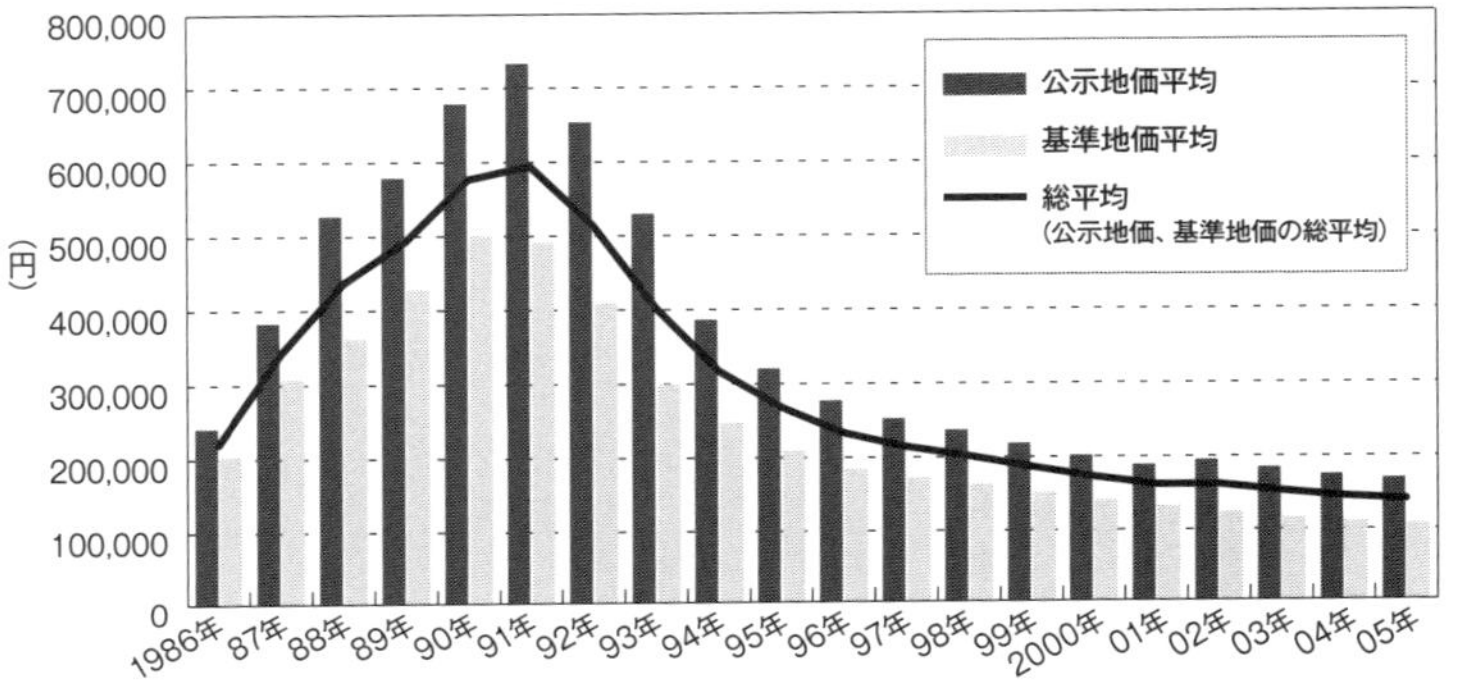

出典：土地価格相場が分かる土地代データ
（http://www.tochidai.info/）

あります。実需を説明するためにはなかなか説得力のある議論です。そこで、１９９０年、２０１０年の人口ピラミッドを比較してみましょう。【図２-６】

これを見ると、確かに１９９０年時点で40歳あたりの人口は２００万人以上います。その次に人口が多い団塊ジュニア[10]世代のピーク人口は２００万人ほどですが、その波が40歳に到達するのは２０１５年ごろです。

つまり、40歳人口は１９９０年を団塊世代によってピークをつけ、その後10年間の減少と底打ちを経て、そこから15年間は団塊ジュニア世代まで徐々に増加することになります。当時、人口動態だけで地価を説明するなら、２０００年ごろに地価は底打ちして、そこから徐々に上

10 団塊ジュニア
定義はさまざまあるが、広義には「団塊の世代」の子どもたちの世代の人々を指す。団塊の世代は１９４７～49年の第一次ベビーブーム時代に生まれた世代のことで、団塊ジュニアはおよそ１９７０年代に生まれた人々が中心であると考えていい。

【図 2-6】 1990 年と 2010 年の人口ピラミッド

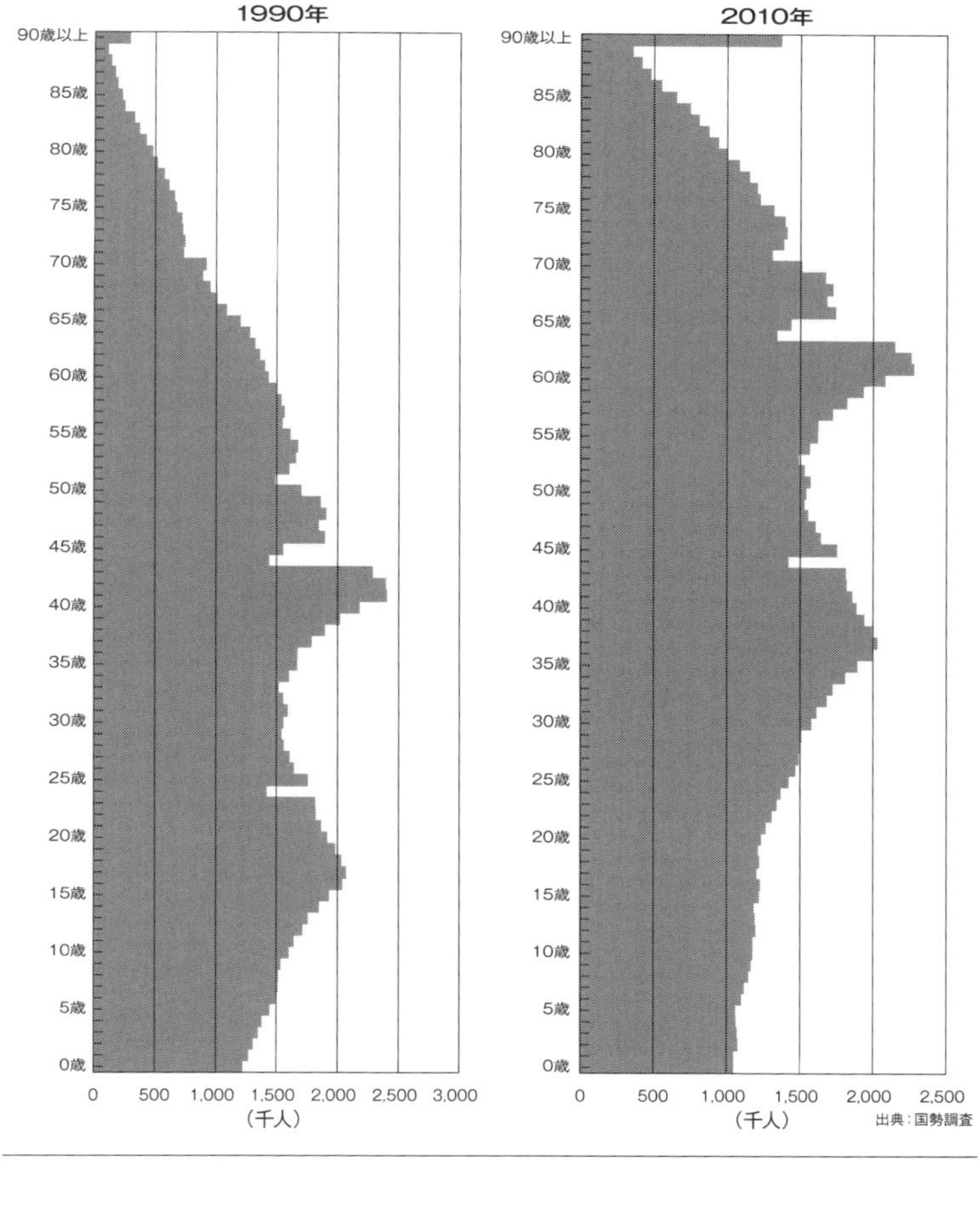

出典：国勢調査

昇していくと説明できたわけです。

しかし、現実はどうでしょう?

感覚としては、2012年に始まったアベノミクスでやっと土地の価格が底打ちしたか?ぐらいの印象じゃないでしょうか。人口動態は2000年から改善しているのに……。現実を見れば30代後半から40代の人口は関係がないということがわかります。

土地神話を布教させる不動産業者の言葉

次に「土地神話」ですが、これはバブル崩壊から25年経った現在でも引きずっている人がいるぐらいで、1991年時点ではバリバリの現役、国民的なコンセンサスだったといっても過言ではありません。

地価が下がった90年代前半は「今が買い時!」という煽り文句が飛びかい、いわゆる「ゆとりローン」[11]などの後々問題になる住宅ローンも大量に出回りました。ゆとりローンが始まったのは92年ですが、今思えば、下がり始めた土地価格へのテコ入れ策だったことは見え見えでした。

私が自宅を購入したのは1998年です。自宅のリビングでテレビを見ていたら、私がかつて勤めていた日本長期信用銀行[12]が破たんした(98年10月23日)とい

11 **ゆとりローン**
1992年から住宅金融公庫が販売していた住宅ローンで、子育てなどで出費がかさむ最初の5~10年間は返済金額を少なくて良くし、その代わり、以後の期間に返済額を上乗せするシステム。バブル崩壊後の景気低迷により困窮する人々が多く出て、2000年に販売中止となった。

12 **日本長期信用銀行**
かつて存在した日本を代表する長期信用銀行のひとつ。長期信用銀行とは、おもに大企業を対象に長期運転資金を融資する業務を行っていた銀行である。日本長期信用銀行はバブル崩壊のあおりを受けて経営破たんし、現在は新生銀行という名前の普通銀行になった。

うニュースが流れてきたのでよく覚えています。

もちろん、私がマイホームを購入したときにもゆとりローンは利用可能でしたが、私は使いませんでした。使わなくてよかった！　まぁ、繰り上げ返済していたので、どちらにしろ関係なかったかもしれませんが……。

破たんする銀行からはうまく逃げおおせたものの、私はまだ甘かった。この時の私は神の教えに背き、「土地神話」という「邪教」を信じていたのです。

家賃を払ってもなにも残らないが、ローンなら資産が残る……。こんな悪魔のような呪文に完全に洗脳されていたのです。統計的な根拠はありませんが、おそらく9割以上の日本人が当時この邪教を信仰していたのではないでしょうか。不動産業者は邪教「土地神話」を流布し、悪魔に手を貸しました。邪教の信者たちは口をそろえていいます。

「土地の値段はこれから上がる。今が買い時」

「家賃を払ってもなにも残らないが、ローンを払い終わったら資産（家）が残る」

この悪魔の誘惑に負けて4000万円もの借金をし、約1000万円の損失を出したのが私です。神の教えに背いたため、罰《ばち》が当たったのです……。

インターネットの登場で土地神話は衰退

確かに土地神話という邪教は、1991年まではあたかも神の教えであるかのように人々に錯覚されていました。なぜなら、そこにはバカでもわかる需給関係のひっ迫があったからです。

一番わかりやすいのは「マンションや建売を買いに行ったら抽選だった」というような出来事でしょう。こういう目に見える現象は、抽象的な思考のできない原始的な生物を興奮させます。イカがストレスを感じて墨を吐き出すようなものです。

そこにマスコミというバカの集合体が拍車をかけます。たき火に灯油をぶち込むように、「土地の不足」「建物の不足」「地価の値上がり」を煽ったのです。サラリーマンが一生働いても家一軒すら買えない、といった人々のルサンチマン[13]に訴える報道もたくさんありました。

今でも邪教を信じている人は、この時のプリンティング効果[14]の犠牲者です。「そうはいっても、いつか土地はまた値上がりするだろう……」という誤った考えに洗脳され、もう25年経ってしまいました。日本国民の大多数が邪教を信じていたにも関わらず、地価は上がらなかったのです。土地神話もまた、地価には影響を

13 ルサンチマン
フランス語で「(おもに弱者が強者に対して抱く)憤り、恨み、非難の感情」のこと。哲学者、フリードリヒ・ニーチェがこの言葉を使ったことなどから、広く認知されるようになった。

14 プリンティング効果
いわゆる「刷り込み」のこと。オーストラリアの動物行動学者、コンラート・ローレンツ氏が発表した著書で有名になった。幼少期・青年期の体験が成人後の意思決定にも影響を及ぼすことを指す。

ほとんど及ぼさないことが明らかです。

日本で長らく地価が上昇しなかった大きな理由のひとつは、日本銀行という別の悪魔がデフレを容認して実質金利を高止まりさせていたからです。やはり、地価を決定する要因としては、圧倒的に実質金利のパワーの方が大きいのです。


しかも、土地神話に関しては、テクノロジーの進歩がじわじわと侵食していま す。インターネットの発達が、土地の価値を相対的に押し下げているのです。

コンピューターの普及はオフィスの劇的な省力化に寄与しました。かつての企業ではファイリングするだけの人、資料を作るだけの人、電話番をするだけの人といった非効率的な人材を大量に抱える必要があり、そのためには相応の広さを持つ土地や建物が必要でした。

しかし、現在はこれらをすべてPCがこなしてしまいます。実際、私が経営している会社は究極の省力化を実現しており、オフィスに定時に出勤しているスタッフは1名しかいません。その他のメンバーは与えられたタスクを期限内にこなせば、どこでどのように作業しようと自由です。

今やそんな勤務形態でも、昔の会社の数十倍の事務処理能力があります。インターネットによってその戦闘能力はさらに高まりました。もう、「通勤」という概念そのものが存在しない仕事がたくさんあるのです。すると、通勤圏内に家を買う必要性は限りなく低下します。
　こういった働き方の変化はすべて土地神話に逆風でした。これにより、土地神話という邪教を信じる人々は減っていったのです。

人口動態も土地神話も
金利ほど地価に影響を与えない！
しかも土地神話は衰退しつつある。

サブプライムローン問題の本当の原因

ウォール街が用いた錬金術のトリック

ちょっと番外編ですが、アメリカのローンをもう少し説明しましょう。特に誰もが知っているサブプライムローン[15]問題を取り扱います。

2000年代初頭、アメリカではITバブルがはじけました。そこでアメリカの中央銀行であるFRBは景気の悪化を防ぐため、大規模な金融緩和（利下げ）を行ったのです。その結果、アメリカは、03年の半ばにはFFレートが1％という超低金利状態になりました。【図2-7】

アメリカはバブル崩壊で景気が低迷した日本の失敗から学び、デフレの罠[16]に陥る前に大胆な利下げを行ったわけです。これが功を奏して、アメリカ経済は再び絶好調となりました。しかも、2001～04年の名目金利は低く、物価はプラス圏を維持していたので、実質金利が大幅に下がりました。そのため、人々の不動産購買欲求に火が付きました。政策金利の低下は住宅ローン金利の低下に波及し、アメリカの不動産市況は大変な盛り上がりとなったのです。

しかし、ここでひとつの問題が発生します。格差問題です。この時期の経済成

15 サブプライムローン
収入が少ないなどの理由で銀行からの信用評価が低い者（サブプライム）を対象とした向けのローン商品のこと。信用力が高い者は「プライム層」と呼ばれる。

16 デフレの罠
「デフレ均衡」とも呼ばれる。中央銀行が不十分な金融緩和を続けたために、デフレの状態を脱することができない状態のこと。日本はバブル崩壊から20年余りにわたって日銀が引き締め気味の金融政策を続けたため、長期間経済の復活が果たせず、長期間のデフレ状態に陥った。

【図2-7】2000年代のFFレートの誘導目標

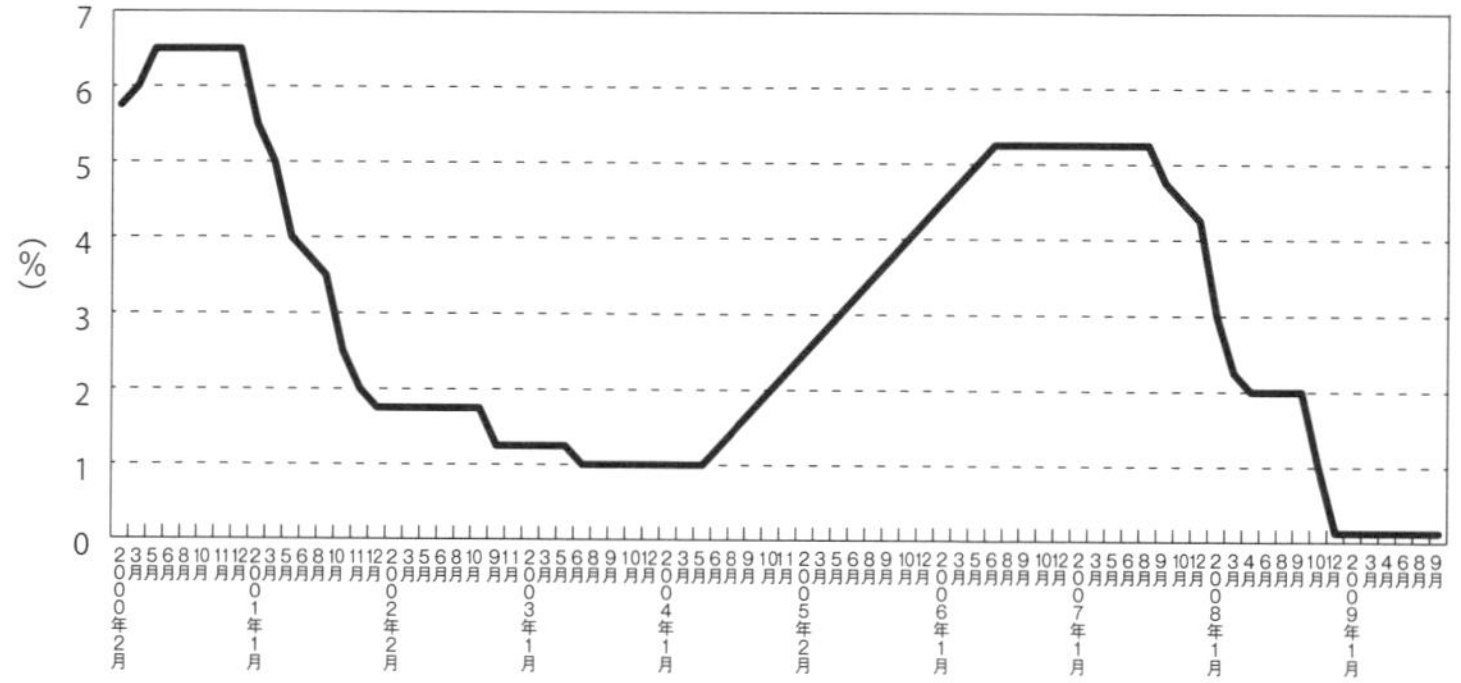

出典：FRB

長の恩恵は、所得階層を10分割したところの上位1位～2位に独占されていました。それ以下の階層は経済成長の恩恵にあずかれない歪《いびつ》な社会構造となり、政府は対応を迫られたのです。

サブプライムローンの審査が甘くなった理由は、低所得者に「マイホームが持てる」という希望を与えるためです。アメリカ政府は本来なら腰を据えて再分配政策に取り組むべきだったのに、安易にローンの審査を甘くすることで問題を先送りしてしまったのです。

ちょうど2001～09年はジョージ・W・ブッシュ大統領の共和党政権でした。共和党はどちらかというと自己責任と自由主義を主張していますので、再分配なんて共産主義くさい政策は嫌だったのでしょう。もし、ブッシュ政権下でオバマケア[17]のような政策を実施していたら、いまだに共和党政権だったかもしれませんが……個人的には残念です。

仕組み債・CDOの登場で状況は複雑化

さて、だれでも簡単に住宅ローンを組める政策は低所得者たちに希望を与えました。しかし、どんな政策にも限度があります。不法移民のベビーシッターがニューヨーク市の郊外に一戸建てを5軒も所有できた状況は、さすがにやりすぎでした。

すでに説明したとおり、アメリカの住宅ローンは日本とは違い、返済に困ったら担保の土地・家を売却することでそれ以上の支払いを免れることができます。ということは、銀行は住宅ローンが返済されないリスクを負うため、債権を証券化して売却し、リスクを軽減しようとします。できるだけ手早く売り払うために、住宅ローン債権はゴールドマン・サックス、モルガン・スタンレー、ウェルズ・ファーゴといった「証券化工場」に送り出されました。

これならまだ問題は単純でしたが、リスクの高いサブプライムローン債券を組み込んだ「仕組み債[18]」の登場で事態は複雑化しました。債務担保証券（CDO[19]）の登場です。サブプライムローンの債券は、その安全性をさらにトリプルAから

17 オバマケア
2013年にアメリカのバラク・オバマ大統領が成立させた医療保険制度改革の通称。従来、アメリカでは民間保険しかなく、保険に加入する余裕のない低所得者層は高額な医療費の支払いを余儀なくされていた。そこでオバマ大統領は安価な公的医療保険への加入を全国民に義務付け、医療支出の抑制を図ったのである。

18 仕組み債
通常の債券にオプションやデリバティブなどを絡めて、多様な利益の獲得方法を付加した債券のこと。特定の条件下では大きなリターンを生むが、そうでない場合は損失が無限大に拡大する危険な商品もある。

トリプルBまで細かく格付けできます。CDOはリスクが一番高いトリプルB債券を集めて作るのですが、完成するとなぜか評価がトリプルAになってしまう優れものでした。「最先端の金融工学を使う」と、こういうマジックが成り立つそうです。

高い格付けを得るトリック

ではこの錬金術――というか手品の種明かしをしましょう。

投資の世界では「投資対象を分散するとリスクが減る」と信じられています。そこで、この金科玉条を利用します。たとえトリプルBの超危険なサブプライムローンでも、数千、数万単位で集めればそれらが同時に貸し倒れる確率は低くなり、安全性が高まるのです。

やり方は簡単。まずはサブプライム関係のローン債権を1000件ほど、とにかく大量に集めます。これをゴールドマン・サックスなどの投資銀行がまとめて買い取り、1000件の案件を細かくリスク査定して、リスクの少ない順に並べます。次に、それらを前から順番に100件ずつまとめて10個のパッケージを作ります。そして、リスクの少ない方から順に8パッケージを格付会社に持ち込んで、お金を払って評価してもらいます。

19 **債務担保証券(CDO)** キャッシュを生み出すいくつかの資産の価値を裏づけにして発行される証券化商品(ABS)の一種。国債や社債、ローン債など、債券の価値を裏づけにして発行されているものをこう呼ぶ。

すると、不思議なことにトリプルA、ダブルA＋といった素晴らしい格付けがゲットできます。たとえばハワイとフロリダの住宅ローンが同時に弾けるわけがないじゃないですか（笑）いやー、これなら安心だ！

しかも、2つ残った一番リスクが高いパッケージには、オートローンやクレジットカードのローンなどの別の債権をスパイスとして混ぜることで「化学変化」が起きて、高い格付けをゲットできたりするのです。【図2-8】

こうして、各投資銀行は格付け会社を騙してまんまとゴミの山からトリプルAの債券をひねり出して売り払い、市場には多くのCDOが出回ります。これらを購入した主な顧客はアメリカ国内や欧州の銀行でした。

ところが、そんな虫のいい話はいずれ馬脚を現します。サブプライムローンの担い手たちからは、住宅価格の上昇ペースが少し鈍るだけで返済不能になる人がどんどん出てきました。なぜなら、統計上で住宅価格の上昇が鈍化するということは、個別にみれば価格が下がった家も出てきたということだからです。貧しい人たちが購入する住宅は一等地にはありませんから、こういった価格下落のショックを真っ先に食らい、サブプライムローンの担保となっていた住宅はたちまち担保割れ（ローンの価値を下回ること）を起こしてしまいました。

【図 2-8】CDO の仕組み

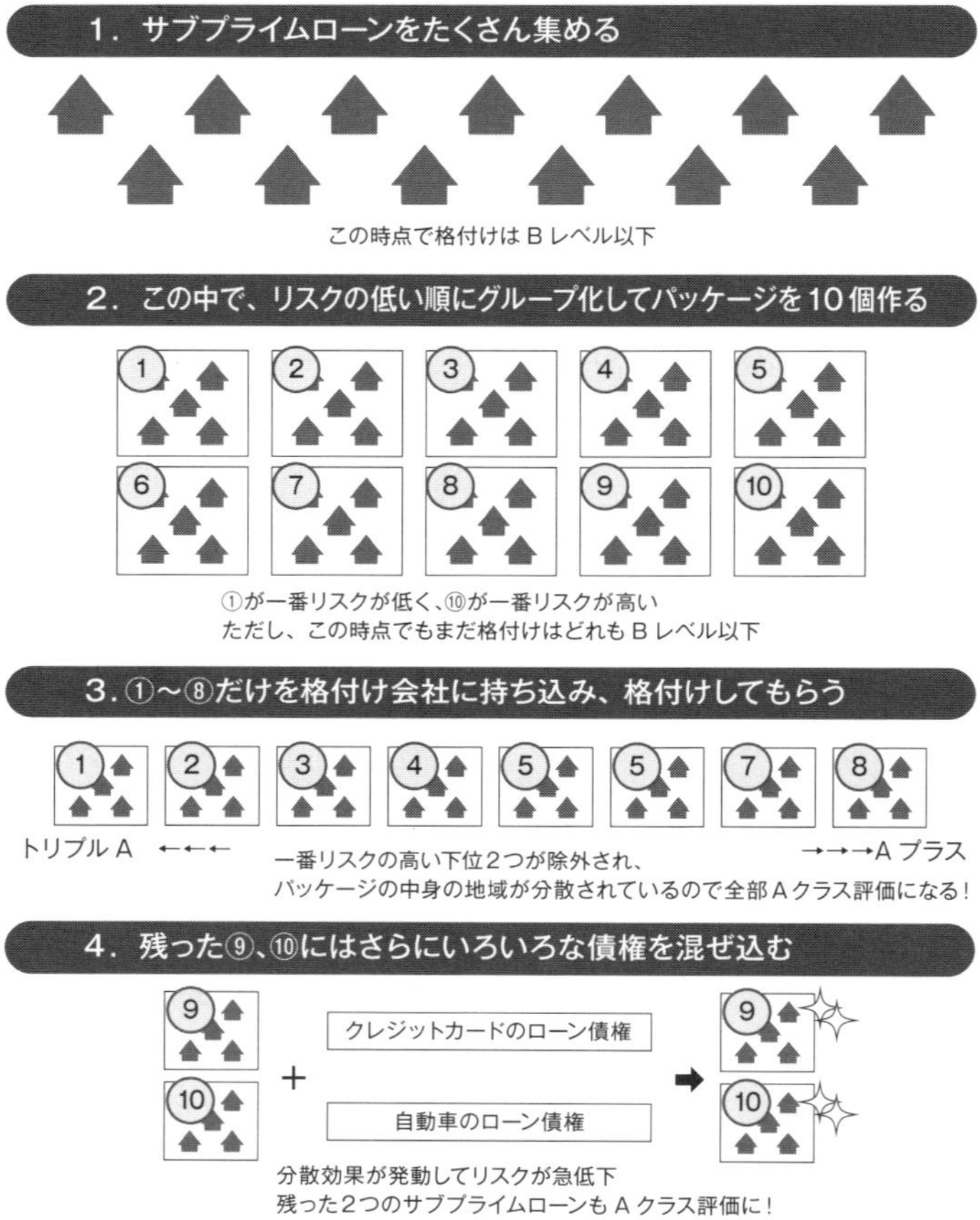
1．サブプライムローンをたくさん集める
この時点で格付けは B レベル以下
2．この中で、リスクの低い順にグループ化してパッケージを 10 個作る
1
2
3
4
5
6
7
8
9
10
①が一番リスクが低く、⑩が一番リスクが高い
ただし、この時点でもまだ格付けはどれも B レベル以下
3．①～⑧だけを格付け会社に持ち込み、格付けしてもらう
1
2
3
4
5
5
7
8
トリプル A ←←←
→→→A プラス
一番リスクの高い下位 2 つが除外され、
パッケージの中身の地域が分散されているので全部 A クラス評価になる！
4．残った⑨、⑩にはさらにいろいろな債権を混ぜ込む
9
10
＋
クレジットカードのローン債権
自動車のローン債権
9
10
分散効果が発動してリスクが急低下
残った 2 つのサブプライムローンも A クラス評価に！

ＦＲＢの利上げでＣＤＯのリスクが顕在化

さて、なぜ住宅価格の上昇が鈍りだしたのかというと、原因は２００４年２月からＦＲＢが政策金利を上げだしたからです。政策金利の上昇は、実質金利にも波及します。

具体的には、政策金利が上がると住宅ローン金利が上がり、新規の住宅ローンを組む人が減ります。住宅への需要が鈍化すると、住宅価格の伸びも鈍化します。次のグラフはスタンダード・アンド・プアーズ（Ｓ＆Ｐ）社が公表しているアメリカの住宅価格指数（ケース・シラー住宅指数）[20]の推移ですが、04年からだいたい2年ぐらいあとに住宅バブルがピークを迎え、その後急激に価格が下落しています。【図２-９】

多くのサブプライムローンは、日本で昔流行った「ゆとりローン」方式です。最初の2年間はかなり低めの固定金利ですが、3年目以降から金利が跳ね上がり、変動金利に移行します。このため、住宅ローン価格が値下がりし始めるタイミングで金利が跳ね上がると、大変なことが起こります。住宅購入者は家を渡してしまえば借金がチャラになりますが、住宅ローン債権を持っている金融機関はみるみる損が膨らんでいくわけです。

20 ケース・シラー住宅価格指数
アメリカの住宅価格の動向を示す一般的な指標で、景気を判断する材料のひとつにもされている指数。全米の主要都市件にある一戸建ての住宅価格から算出される。

【図2-9】S&Pケース・シラー住宅価格指数（20都市）の推移

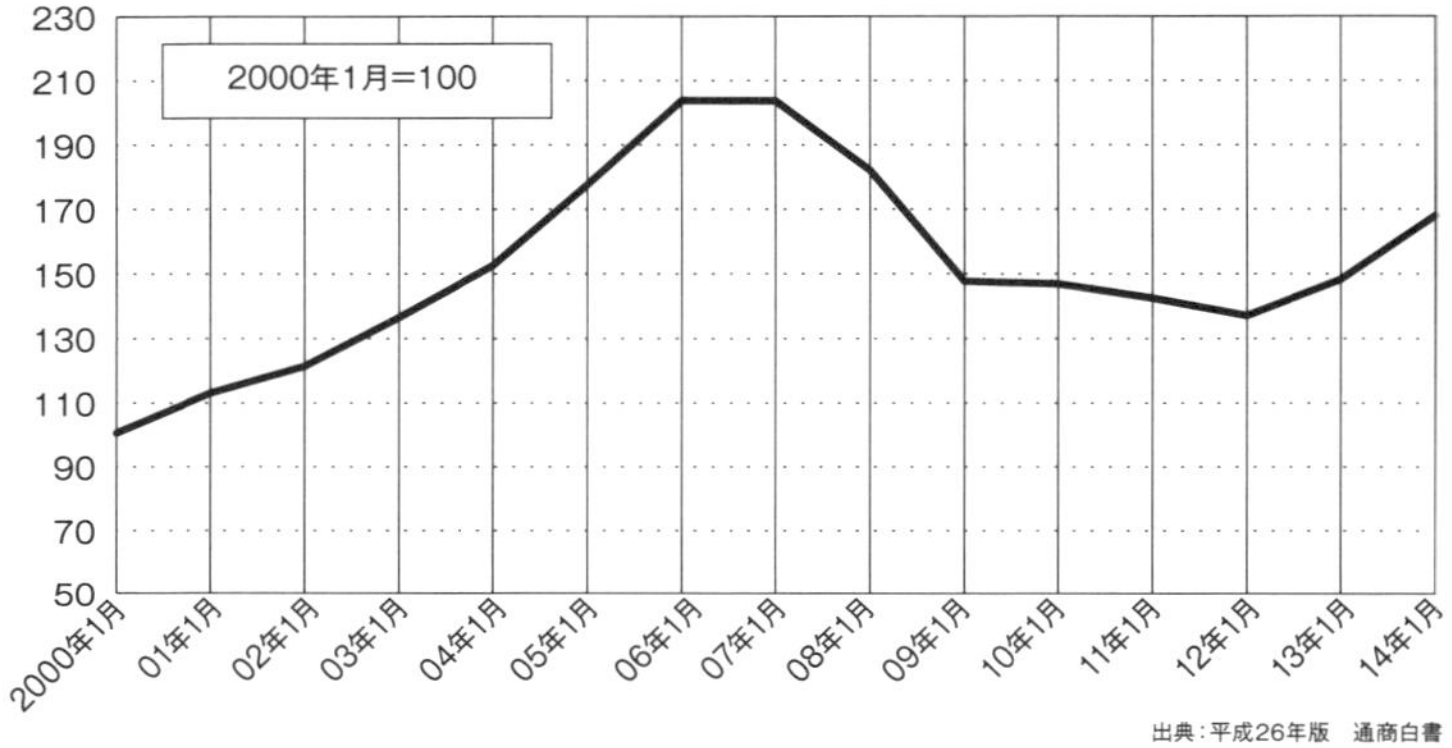

出典：平成26年版　通商白書

世界中の投資家が疑心暗鬼になってパニックに

２００６年ごろから住宅価格が下落に転じると、返済が滞ったり破たんする案件が急増しました。しかも、無責任な格付け会社は自分たちで「優良商品」と格付けしたこの手の商品を、07年10月ごろから相次いで格下げしたのです。

サブプライムローン本体の調子が悪くなれば、その毒はサブプライムローンを材料にして作られた証券化商品全体に回っていきます。しかも、先ほど述べたようなやり方で毒をいろいろな商品に混ぜて、なにがなんだかわからなくしてしまったため、この手の仕組み債の本当の価値が一体いくらなのか誰もわからなくなっていました。こうして、それまでスムーズに流れていた資金の流れがストップし、世界規模の事件へ発展したのです。

だいたい、この仕組みが成立するためにはアメリカの住宅バブルがずっと続く必要がありました。当時はみんな楽観的で、誰もこのバブルが崩壊するとは思っていなかったのです。しかし、良い時間は長くは続きません。バブルははじけ、その悪影響は世界中に広まりました。CDOを大量に購入していた欧州の金融機関までもが大変な痛手を被ってしまったのでした。

実質金利が上れば不動産価格は下がる。そんな経済の掟を無視したからこそ、起きた出来事だったのです。

楽観的なアメリカ国民と金融テクニックが世界金融危機を引き起こした。

コラム 2

「ゴネ得」はある？

横浜のマンションの不正問題ですが、事件発覚直後の２０１５年10月に、販売元である三井不動産レジデンシャルが住戸を購入価格以上で買い取る方針を打ち出しました。これはかなりすごい提案です。たまたま買ったマンションが8年落ちなのに購入価格以上で売れるなんて、普通はまずあり得ません！　まるでバブルです!!

この件を補償問題に詳しい、保険代理店の社長に聞きましたが、次のように話していました。

「今回の補償問題で、いわゆるゴネ得はない。時間が不利に作用するパターンだ」

その社長曰《いわ》く、自分なら「即売却する」とのことでした。

なぜかというと、型落ちのマンションが購入価格以上で売れることは、まずこのご時勢では考えられないからです。また、仮にゴネたとしても、8割以上の世帯が買い取りに応じた時点で、管理組合の絶対多数がデベロッパーとなります。

そうすると、住民総会で建て替えを決議するために必要な5分の4の投票権を持ち、残った人たちが反対しても建て替えが行われてしまうからです。

もちろん、それでも不服な場合は裁判で戦うこともできますが、おそらく相手側はその点のリスクもしっかり弁護士と協議済みだと思われます。裁判闘争しても、結局、金額は変わらなかったという骨折り損のくたびれ儲けになる可能性が高いでしょう。

ゴネ得が成立するのはかなりレアなケース

では、今回のような件に限らず、不動産の所有者や賃借人がゴネることで得をする、いわゆる「ゴネ得」があるケースは存在するのでしょうか?

これも先ほどの保険代理店社長の意見ですが、ゴネ得が成立するのは基本的に道路の建設計画の時だそうです。一か所でもつながらないと道路は完成しないので、運良く（?）道路上に物件があった人は、ゴネ得になる可能性が高いとのことでした。

例えば、道路計画の「秘密の図面」を手に入れて、計画されている場所のアパートを借りておけば、それだけで立退料100万円を得るということもあるそうです。月5万円の投資で、100万円のリターンならアリですね。もちろん、「秘密の図面」を入手できることが大前提ですが……。

ちなみに、先ほどの保険代理店の社長の知っている事例では、実際に計画を知ってから新築し、半年後に壊して補償料丸儲けした強者《つわもの》もいたそうです。

ただし当然、ここまでやる人は滅多にいませんし、失敗のリスクは甚大なのでお勧めはできません。早合点して「ここに道路が通るはずだ!」と新築したら、実は道路はその土地をそれていたパターンですね。これは地方都市ではよくある話だそうです。誰も住まない新築の家とローンだけが残る最悪の結果を招きます。

また、運良く道路が通ったとしても、あまりゴネすぎると計画が変更されて、道路がその物件をよけて建設されることもあります。その場合も結局1円ももらえず、ゴネ損になります。やはり何事も程度の問題です。

やっぱりマンションなんて買うものじゃない

さて問題になったマンションですが、すべてを建て替えると、費用は200億円以上かかるとのことです。日経新聞では取り壊しから新しい物件の完成まで3年以上かかる見通しと報じていました。

こんなに大変なことであるにもかかわらず、デベロッパーは他の物件への悪影響を遮断するために苦渋の決断をしました。というよりも、日本を代表する大手デベロッパーだからこそできた決断だと思います。これはある意味、住民にとって不幸中の幸いといえるでしょう。下手にゴネず、さっさと提案に乗った方が良いに決まっています。

この物件を買ってしまった人は、神の怒りに触れたと私は申しました。しかし、やはり神は慈悲深いようです。愚かな人間に「マンションを買うのは愚かである」という教えを賜り、さらに再起するチャンスを与えました。せっかくのチャンスを生かすも殺すも人間次第。マンションなんて購入せず、今度こそ賃貸物件でやり直すべきだと思いますが……。

第3章

都心の土地が増えている怪奇現象

賃貸に暮らしREITで稼ぐという生き方

高層化により増える都心の土地

2000年代以降、都心の土地は増加の一途をたどっています。

別に地殻変動が起こって東京の面積が物理的に増えたわけではありません。土地規制の緩和[1]によって高層マンションが雨後のたけのこのように建ち、物理的に土地が40倍とか50倍に増えてしまったのです。

そもそも、私が小学生のころは新宿西口の高層ビル群というのは遠足や社会科見学で訪問するくらい珍しい場所でした。ところが、今ではそれらのビルより高い場所に住んでいる人がゴロゴロいます。また、新宿西口以外の場所にも高層ビル、マンションはたくさん建設されました。【図3-1】

武蔵小杉の駅前ですら、かつての新宿西口より立派な高層ビル街になっています。規制緩和のパワー恐るべしです。

こうなると、いわゆる「都心の一等地なら値下がりしない」という神話すら信用できなくなってきます。都心の一等地はその希少性ゆえに高値がついていたわけです。どんなに人気のある一等地でも、高層化によって50倍に薄めてしまった

1 土地規制の緩和
1997年に建築基準法が改正され、廊下・階段・エレベーターホール・バルコニーなどは延床面積に参入されなくなった。また、都市計画法も改正されて容積率が緩和され、タワーマンションが建てやすくなった。

【図 3-1】新築共同住宅数の推移

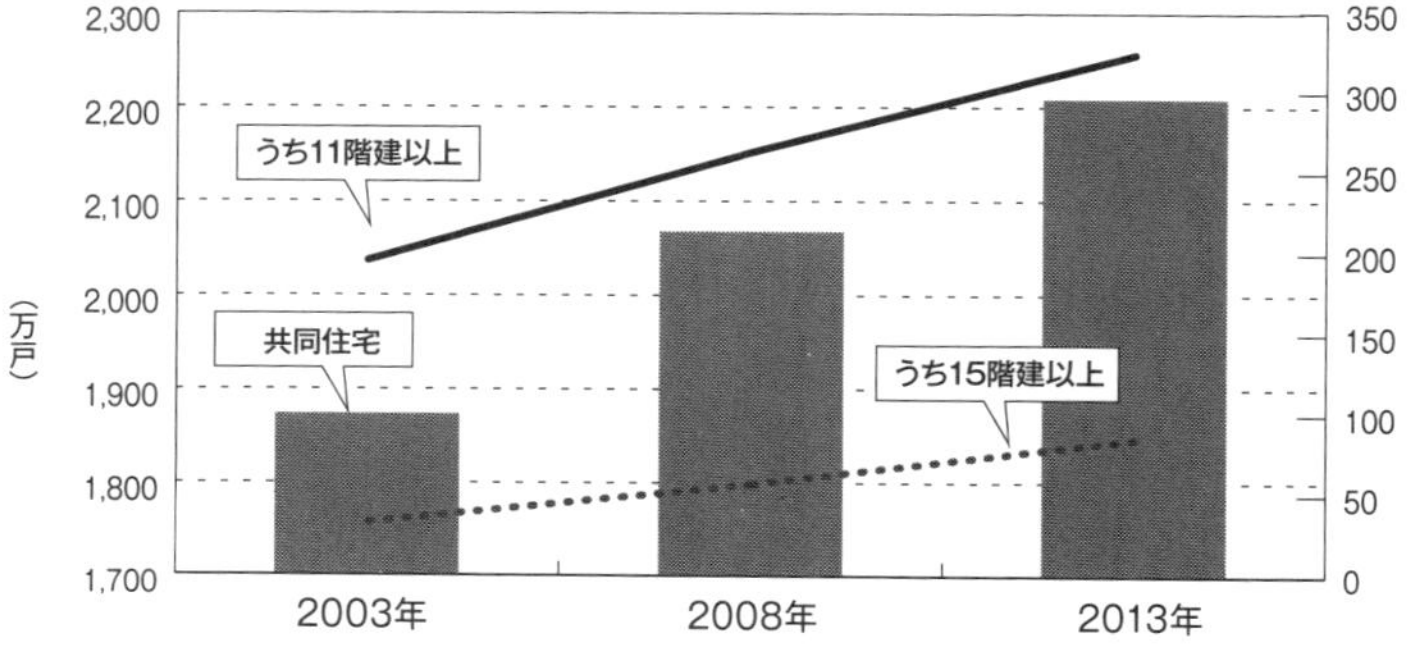

出典：土地統計調査結果による住宅に関する主な指標（統計局）

ら、当然ながら希少性は激減します。

　そして、**高層化によって土地は「面」ではなく「点」で評価されるようになりました。**どれだけの「広さ」があるかよりも「どこに」あるかの方が重視されるようになったのです。主要な駅から徒歩5分以内に高層ビル、マンションがバンバン建ってしまえば、そこに人が集まります。それより外側にある物件が過疎化するのは、当然といえば当然です。

　しかも、大規模開発はネタを求めて東京中をさまよっています。ウォーターフロント[2]だったり、六本木ヒルズ周辺だったり、防衛庁跡地（ミッドタウン）だったり……。今は品川と田町の間にできるJR山手線の新駅周辺に熱い視線が注がれています。

2 ウォーターフロント
不動産業界では新たに開発された港湾・臨海地域のことを指す。東京でいえば、お台場・天王洲・佃島・有明・葛西など。

こうした資金が次にどこへ向かうのかなんて、素人にわかるはずがありません。だからこそ、都心の超一等地であっても、分譲マンションを購入することを私はお勧めできないのです。

とはいえ、それでも不動産を所有したいという人もいるでしょう。そこで、どういう形なら不動産の所有が許されるのか、考えてみましょう。そのためには、「資産」と「負債」の違いをハッキリさせる必要があります。これについて、ロバート・キヨサキ氏は次のように定義しています。

資産とはキャッシュを生むもの
負債とはキャッシュを食うもの

つまり、所有することで金銭的な収益を生み出すのであれば、そうした不動産は持つ価値があるということです。

REITなら不動産でキャッシュを生む！

そこで私のお勧めは数万円でできる不動産投資です。REIT[3]です。
儲かる「点」にある物件を束ねて証券化し、小口で売る、とてもナイスな商品

3 REIT
「Real Estate Investment Trust」の略称。「リート」と読み、日本語だと「不動産投資信託」とも呼ばれる。人々から少しずつ資金を集め、そのお金で不動産投資を行う金融商品のひとつ。日本の国内法に則ったものは「J-REIT」と呼ばれることもある。

【図3-2】REITの概念図

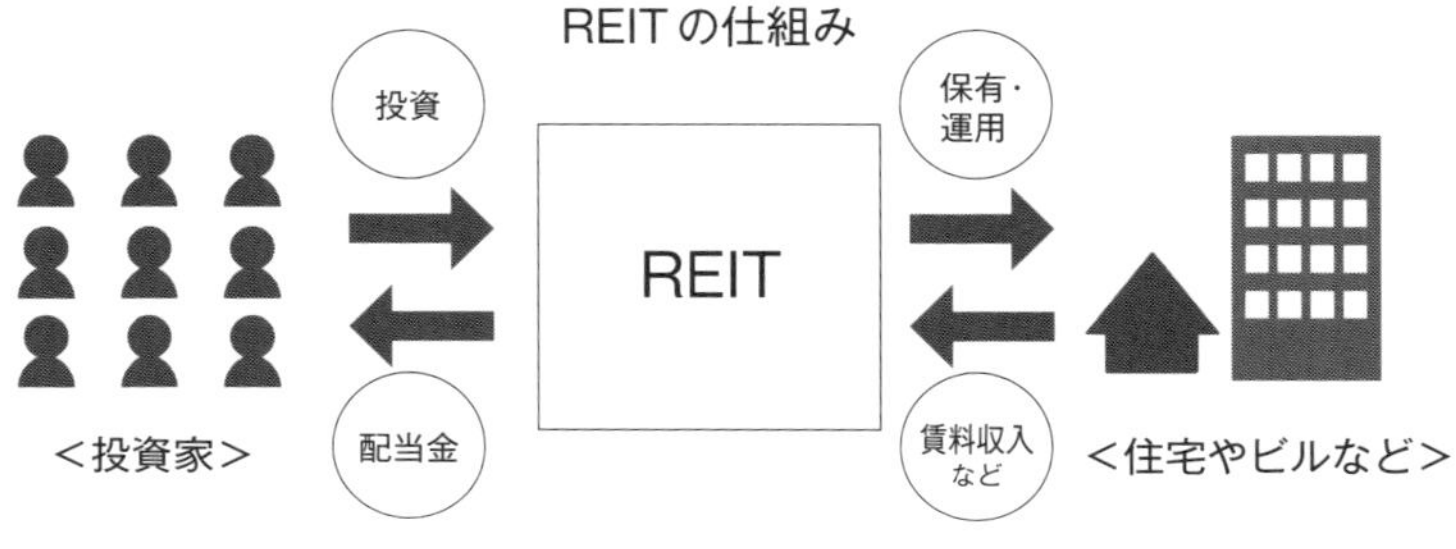

です。数万円程度から投資できる気軽さに加え、投資額に応じて配当ももらえます。ほら、キャッシュを生んでいるじゃないですか！　しかも平均的な利回りは２％台後半から３％ぐらいあるため、収益性も悪くありません。現物の不動産だと売りたい時に買い手がつかないリスクがありますが、ＲＥＩＴは市場で売れますので流動性が高く、その点も安心です。

【図３-２】

もちろん、ＲＥＩＴは出回りの一流物件を集めた残りカスなんて悪口もありますが、チラシに載っている投資用物件なんて残りカスどころか、最初から産業廃棄物です（笑）

そもそも、一般人はプロがアクセスできるような超優良物件には絶対にアクセスできません。そう考えたら、チラシで買える「収益物件」という粗大ごみよりは、残りカスといっても配当などで食えるＲＥＩＴの方がずっとマシです。いざとなったら簡単に売り払えますし。

ただし、だからといっていきなり１０００万円分のＲＥＩＴを買ったりしないでくださいね。もし１０００万円分買いたいなら、最低でも毎月１００万円ずつ、10回に分けて買ってください。50万円ずつ、20回に分けた方がもっと良いかもしれません。

これがいわゆるドルコスト平均法[4]です。投資の基本ですね。相場がどっちに動いてもその方が良いことがあります。

ＲＥＩＴの分配金を家賃の足しにして賃貸に住む。これが今のところ、一番神の教えにかなった暮らし方なのです。もちろん、私は敬虔な信者ですから、そのようにしております。

4 ドルコスト平均法
定額購入法ともいう。金融商品の高値づかみを防ぐため、一定の期間をかけて均等に資金を投入して購入する手法。資金を均等に分散するため、金融商品の値段が高いときには少なく、安いときには多く買うことになる。

賃貸物件を選ぶコツ

URの方が収入面の審査が柔軟

小金ができたら家を買ってしまい、その後売却するときに大損した私ですが、住宅ローンのリスクや実際の支払金額などを知り、賃貸派に転向しました。すでに書いた通り、私は家を売ってから、ライフステージに合わせて5回も引っ越ししています。

そこで、引っ越しのプロである私から見た、賢い賃貸物件の選び方をお伝えします。

まず賃貸物件探しをするためのツールからです。

チラシや不動産屋の店頭に行くよりも、まずはインターネットで調べましょう。その方が圧倒的にコストが安いです。もちろん、良いなと思った物件に問い合わせても、先に借りられてしまっていることもたくさんあります。有象無象が競争していますから当然です。しかし、わざわざ出かけなくても、隙間時間で検索していろいろな物件のデータを得られる点で、インターネットに勝てる媒体はありません。

私の場合、とりあえず相場観を得るために「yahoo!不動産」で検索をしていました。他にも「suumo」「at home」などいろいろな不動産賃貸ポータルサイトがありますが、基本的には扱っている物件の数が多くて、見て回るのに時間がからない造りをしているWebサイトであれば、どこであろうとさほど違いはありません。

ちなみに、私は特に引っ越しの予定がなくてもこうしたポータルサイトを定期的に巡回しています。このように、日ごろから不動産の相場観を培《つちか》っておくのも大切です。

とても柔軟なURの物件はお勧め

次に検索するのは近隣のUR[5]の物件です。以前は公団住宅といえば安い賃貸だったのですが、最近は高級マンション、タワーマンションなどが多いです。

実はこの特殊法人はものすごい黒字で、いつ完全民営化されてもおかしくないのです。でも、こんなにおいしい利権を国土交通省が捨てるわけはありません。分譲事業から撤退して、今はひたすら賃貸事業、それも高級賃貸物件ばっかりやっています。

URの良いところは民間の賃貸物件と違い、定期的な収入がなくてもお金さえ

5 UR
独立行政法人都市再生機構の通称。国土交通省の所管で、UR賃貸住宅を広く一般の人々に向けて貸し出している。

あればだれでも住める点です。
また「礼金」「手数料」「保証人」「更新料」すべて不要という点は見逃せません！　超嬉しいじゃないですか！　多少家賃が高くても余計な追加コストがかかりませんので、結果的に割安になる場合も多いのです。

しかも、敷金は私みたいに大家と裁判しなくてもほぼ全額返ってきます。これもお財布に優しい！　この天下り団体は全力で守らねばいけませんね！

民間の賃貸住宅の場合はこうはいきません。

私がよくする例え話ですが、「年収２００万円のワーキングプア[6]が借りられる月額５万円のアパートが、資産10億円の無職の超金持ちには借りられない」という衝撃の事実があります。

なぜかというと、民間の賃貸はとにかく「定額の収入」にこだわるからです。一般的な不動産の賃貸契約においては、敷金を3年分積もうが、基本的に無職の人はお断りです。仮にその人の資産が億を超えていても関係ないのです。完全になにかが狂っています。もし私が収益物件を持っていたら、こういうお金持ちの賃借人は大歓迎ですよ。その代わり敷金は12か月分いただきますけど（笑）

これに対してＵＲは、とても柔軟です。いみじくも、サイトのＱ＆Ａコーナーにこんな質問がありました。

6 ワーキングプア
「働く貧困層」ともいい、フルタイムで働いているにもかかわらず、日々の生活を送るのにギリギリの収入しか得られない就労者の層を指す。日本ではバブル崩壊以後、長らく続いたデフレの中で人々の所得が低下したことでこの言葉がよく用いられるようになった。

Q：転職で会社を辞めたけど、ＵＲ賃貸住宅に申込めるかな？　貯蓄はあるけれど…。

A：ご安心ください。貯蓄が一定額以上あればお申込みできます。今まで継続的な収入額が足りなくて、ＵＲ賃貸住宅のご契約を諦めていた方に朗報です。これは、現在お持ちの貯蓄額が一定額（基準貯蓄額）以上あればご契約いただけるという制度です。ご希望の住宅の家賃の１００倍以上の貯蓄額（基準貯蓄額）があれば、お申込みいただけます。例えば、家賃７万円のお部屋をご希望の場合は、７００万円以上の貯蓄額があれば、ご入居できます。また、一定額以上の継続収入がある方であれば、家賃の50倍でも入居できます。

＊　＊　＊

「ＵＲ賃貸住宅の便利な制度」
http://www.ur-net.go.jp/kanto/whats/system.html

＊　＊　＊

家賃の100倍貯蓄があれば保証人不要！　デイトレード[7]などで稼いでいる人には朗報ですね。民間の賃貸住宅でなぜこういう方式が一般的でないのか、本当に謎です。店舗用の物件なら割と柔軟だったりするのですが……。

経営者が法人名義で契約するときには、PL（損益計算書）[8]だけではなくBS（貸借対照表）[9]も見て判断します。個人の場合はPLだけで判断し、BSをまったく評価しないのはナンセンスですね。

おそらくですが、住宅用の賃貸物件は数が多く、しかもオーナーは管理を業者に丸投げしているので、大量の物件に客付けしなければならない業者が面倒くさがっているのでしょう。いちいち個別対応なんてやってられるかという感じです。これはある種の職務怠慢ですね。

不動産業者の人間なんてこんなものですから、私の場合、ネットで民間とURの比較を行ったりして、候補となる引っ越し先の町区単位ぐらいまで数か月定点観測します。そこまでやってから、初めて不動産屋に連絡するのです。

とにかく大切なのは「**不動産屋に最初に相談しない！**」ということ。まずは公開情報から相場観を形成するということで十分でしょう。彼らは悪魔の手先ですから、自分で勉強せずにいきなり質問したりしてはいけません！

7 デイトレード
数十秒から数分で株式を売買し、超短期的な利益の獲得を目指す投資スタイルで、うまくいけば1日で数百万円を超える利益を獲得できる。ただし、同時に1日で同程度の資金を失う可能性もあるため、ギャンブル性は高い。

8 PL（損益計算書）
ある一定期間（多くは1年間）の収益と費用の状態を表す財務諸表のひとつ。英語では「Profit and Loss Statement」と表現されることが多い。

9 BS（貸借対照表）
ある一定時点における資産、負債、純資産（資本）の状態を表す財務諸表のひとつ。英語では「Balance Sheet」と表現される。

自分で情報を集めることがなによりも大切

また、他にもURのメリットは次のようなものが挙げられます。

●UR物件から引っ越し希望の場合、退去届けは2週間前まででOK
●同一マンション内引っ越しの場合、引っ越しの代金が安い（業者によって価格差あり）
●UR物件内の引っ越しの場合、審査不要。敷金はスライド。価格差がある場合は返金
●物件によっては、ひとりでマンションに行き、鍵を借りて内覧できる

一方のデメリットはこちら。

●空き部屋情報がサイトにアップされるまで、民間のポータルサイトよりも時間がかかる
●コスト安な造りの物件が多い
●ひとり暮らし向けの物件が少なめ

【図3-3】URのメリットデメリット

メリット

- **礼金が不要**
  入居時に払うのは２か月分の敷金と日割り家賃、公益費のみ
- **更新料・仲介手数料も不要**
- **保証人も不要**
  住民票の写しや所得証明書などの書類を提出するだけでOK
- **抽選ではなく先着受け付け順で申し込める**
  その代わり、空きがないと申し込めない
- **民間の賃貸よりも安め**

デメリット

- **空き部屋情報がサイトにアップされるまで、民間のポータルサイトよりも時間がかかる**
- **コスト安な造りの物件が多い**
- **ひとり暮らし向けの物件が少なめ**

【図３-３】

一つ目のデメリットですが、これはURの各営業センターに連絡すればすぐに最新情報をもらえるため、手間を惜しまなければさほど問題ではありません。

また、二つ目の点については、私が見てきたものでいうと、既存の物件でも修繕が入ったものは、少なくとも共用部はかなり高級感があります。廊下や部屋内まではわかりませんが……。もちろん新築の物件は民間の高級マンションと区別がつかない品質です。

そして三つ目。URは公営住宅の名残で、ひとり暮らしよりは家族優先、高齢者の介護をしている人を優先するなどの制度的な優遇措置があります。ワンルー

ムもあるにはありますが、数は少ないかもしれませんね。同じ制度趣旨で、ＪＫＫ（東京都住宅供給公社）[10]なども基本的にファミリータイプの部屋が多いと思います。これぱかりは仕方がないところです。

まとめると、より良い賃貸物件を探すのであれば、民間のポータルサイトはもちろん、ＵＲ、ＪＫＫなど、できるだけ自分で情報を集め、多くの選択肢から能動的に選ぶことが重要だということです。間違っても不動産屋のいいなりになってはいけません。

10 ＪＫＫ（東京都住宅供給公社）
東京都が１００％出資している特殊法人で、東京都内にある公営賃貸住宅を提供している。ＵＲは全国に不動産を持っているが、ＪＫＫはあくまで東京都内の建物に限られる。

敷金礼金ナシナシ物件の真相

礼金は関東大震災の名残

賃貸物件といえば、最近は敷金礼金ナシナシの物件もあります。そんなにディスカウントするからには、よほどオーナーが食い詰めているのだろうと考えてしまいますが、実際はどうなっているのでしょうか？

まず敷金についてですが、現役の不動産業者に聞いたところによると、敷金無しの物件は保証会社をつけることが必須であるケースが多いそうです。敷金は滞納リスクに対する担保ですから、確かに保証会社が入れば不要ですね。

保証会社は保証料として賃料の１００％を取ったりするところもありますので、そういう場合だと敷金を払っているのと同じかもしれません。ただ、「敷金」という名前で徴収していないだけです。また、保証会社の審査は意外と厳しく、不合格になってしまう人もいます。敷金がゼロだからといってリスクがゼロというわけではないのです。

一方の礼金は、オーナーから元付不動産屋[11]へ払う手数料分の確保として取っている人もいまだ結構存在します。礼金が無い場合、そのオーナーは不動産業者へ

11 元付不動産
貸主（もしくは売主）、つまりその不動産のオーナーから直接依頼を受けている不動産会社のこと。その元付不動産からさらに委託されて借主を集めている会社は「客付不動産」と呼ばれる。

の手数料を自腹で払っている良心的な方かもしれません。もちろん、単にボヤボヤしているだけということもあるかもしれませんが。逆に、業者には払わずオーナーが総取りしているパターンもあります。

関東と関西で異なる不動産の慣習

そもそも、礼金というのは１９２３年に発生した関東大震災の名残です。大量の家が倒壊して超貸し手市場になったため、優先的に入居できるよう、借り手が大家さんに渡したお金なのです。つまり、これだけ空き家率が上昇して借り手市場になっている現在では、礼金を支払う意味はほとんどありません。よく「関西地方には礼金の習慣がない」といわれるのはこのためです。

しかし、関西には「敷引き」という制度があって、退去時に敷金の一部を差し引くことがあります。「敷引き」の法的根拠は当事者間に敷引き特約の性質について明確な合意がない限り、次の５つの要素が渾然《こんぜん》一体になったものと解釈されています。

①賃貸借契約成立の謝礼
②貸室の自然損耗の修繕費

礼金は元々、1923年の関東大震災の名残。
現在は払う意味がほとんどない。

③更新料の免除の対価
④契約終了後の空室賃料
⑤賃料を低額にすることの代償

敷引きの制度については、消費者契約法第10条[12]に反しているため無効ではないかと争った例がいくつもあります。無効という判決が出る場合もありますが、借り手の訴えが棄却されるケースもあるので、まだ敷引きについては白黒はっきりしていないのが実情といえそうです。明らかに多く差っぴかれたと感じたならば、裁判所で争うのも手段のひとつとしてはアリですね。

あまりこだわりすぎても、良い物件には出会えない

このように、礼金は儀礼的なものではありますが、だからといって借り手があまりにも「礼金ナシ」にこだわるのも賢い選択とはいえません。現役の不動産業者曰く、借り手が「今時礼金を払うなんてありえない！」なんていっているうちに、良い物件をあとから来た人にかっさらわれてしまうケースも多いそうです。また、大した物件でもないのに「新築だから」などという理由で無謀にも敷金15か月という設定をして、1年以上も空き家になってしまった大家もいたりします。

12 消費者契約法第10条
簡単にいうと、消費者の権利を制限したり、義務を増やすなど、消費者の利益を一方的に害するような契約は無効にすると定めた法律のこと。

借りる側も貸す側も、シビアに考えていないとチャンスを逃がすわけです。

やはり、市場には神が宿っています。悪しき考えに染まった人、神の教えに背く人には相応の結果が訪れます。

それから、敢えていうなら、良い賃貸物件を探すために必要なのはある種の「感度」です。神聖なものと邪悪なものを見分ける感度かもしれません（笑）感度が悪い借り手は良い物件を借りられないし、感度が悪い大家は良い入居者が来てくれないのです。そして感度を高めるためには、常日頃から情報を収集して知識を得ておくことが大切です。

ということで、敷金ナシの理由は、保証会社必須にしてリスク丸投げ。礼金ナシは「①オーナーが元付不動産屋への手数料を自腹で出してくれている良い人」「②借り手がいなくて食い詰めたオーナーがディスカウント」「③関西の敷引き」「④その他特殊事情」ということになると思います。

経済学の教え通り、「タダ飯はない！（There is no free lunch!）[13]」ということですね。

13 タダ飯はない（There is no free lunch!）
経済学でこの言葉を使う場合はアメリカの経済学者、グレゴリー・マンキュー氏が著書で掲げた経済の原則のひとつ、「タダに見えることにも隠れたコストがある」という意味。

あなたにもできる敷金返還訴訟
大切なのは「気合」と「信仰心」である

敷金と礼金についてお話しましたが、これまで住んでいた賃貸住宅から退去するとき、もめることになるケースが多いのが「敷金」です。皆さんも、転居の際に返ってきた敷金が思いっきり少なかったり、下手をすればなかったりした経験があるのではないでしょうか。あまりにもひどい場合、泣き寝入りすることはありません。【図3-4】

そこで、私が実際に経験した体験から悪魔に魂を売った大家と戦うために必要な心得をお伝えしましょう。

すでに書いた通り、私は敷金返還訴訟を2回経験しております（正確にいうと、本当に裁判したのは1回、訴える直前に相手が折れて終わったのが1回です）。

1回目は文字通り大家を訴えました。1年しか使っていない事務所用の物件を解約する際に、差し入れた敷金約100万円のうち30万円しか返還されず、70万円も取られそうになったのです。名目はクリーニング代とかなんとか主張し

【図3-4】敷金・保証金に関する相談件数

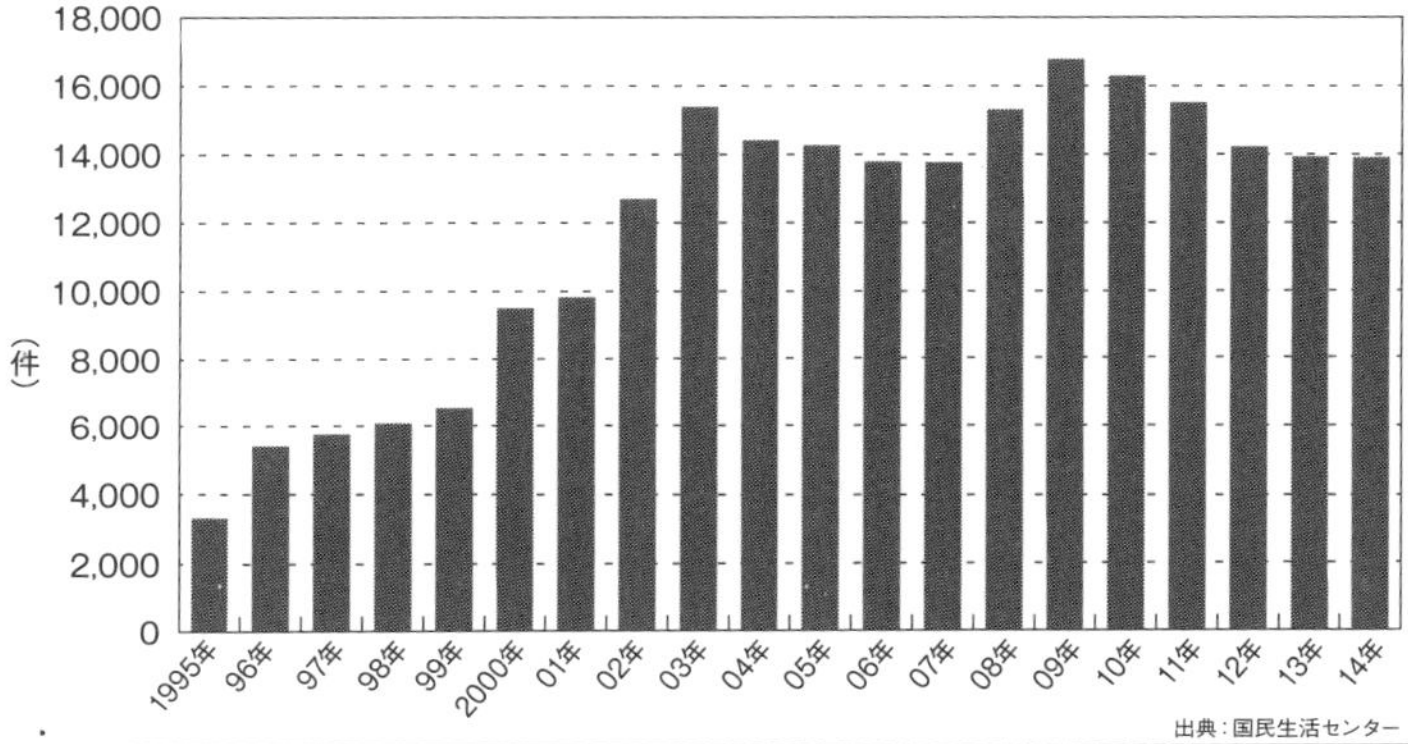

出典：国民生活センター

ていましたが、はっきりいって自然損耗の範囲です。どうして70万円もかかるんだと食ってかかりました。

最初は管理会社の担当者と押し問答をしたのですが、相手はサラリーマンであるためマニュアル通りの回答を繰り返すだけで埒《らち》があきません。ただ、とりあえず70万円のうち30万円ぐらいはすぐに返ってきました。ゴネたらすぐに返せるように最初からボッタくっていたのでしょう。残額も返すように押し問答しましたが、ダメでした。私は説得を諦め、インターネットで少額訴訟[14]について調べ上げました。

私が大家を訴えたのは2007年です。ちょうど敷金返還訴訟がメジャーになりつつあった時期で、ネット上には大量の

14 **小額訴訟**
60万円以下の金銭の支払いを求める場合に限り利用できる制度。即時解決を目的としているため、原則として1回の審理で解決を図り、証拠書類や証人などはその場ですぐに調べられるものに限られる。

【図3-5】小額訴訟の流れ

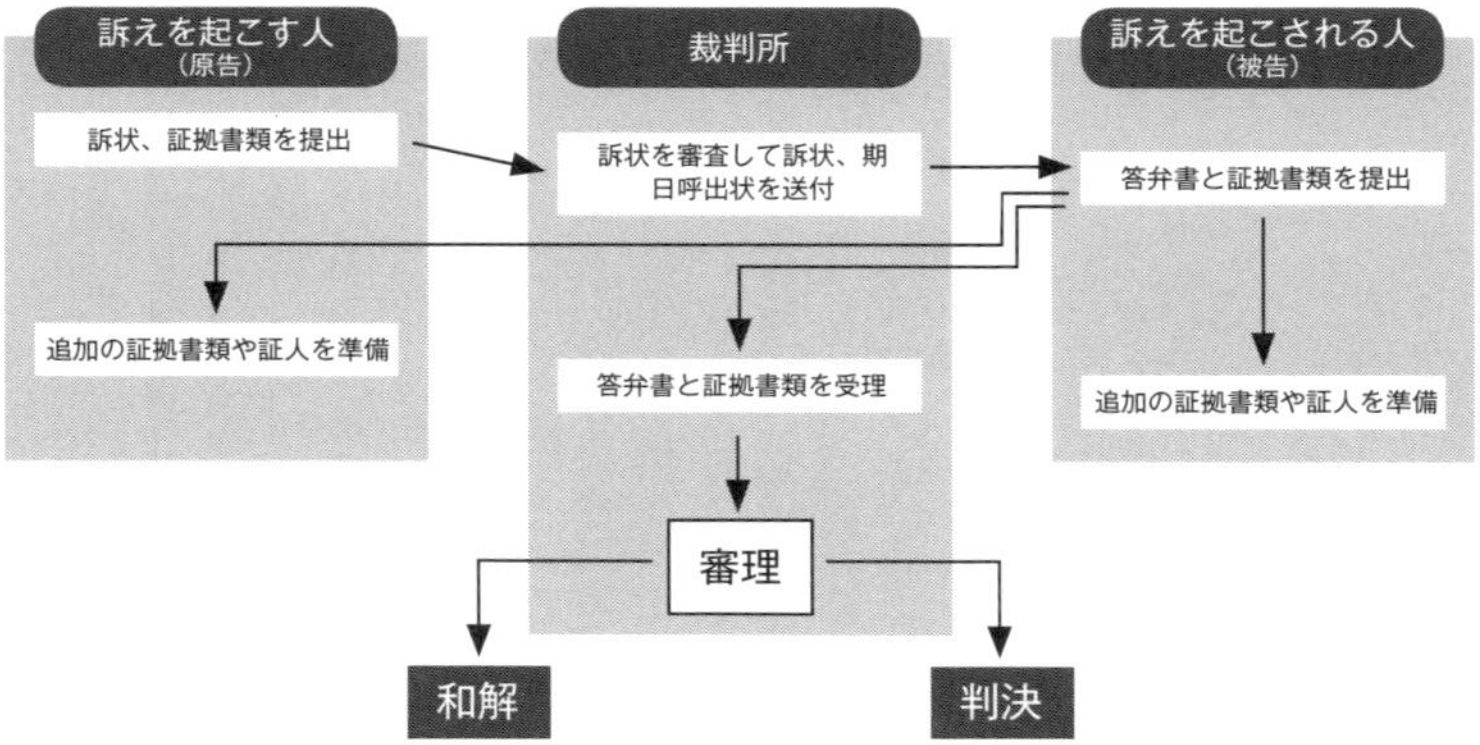

判例や経験談が転がっていました。

敷金返還訴訟は、借主に勝機がある

少額訴訟ですから、基本は弁護士を雇わない「本人訴訟」です。難しそうに思えるかもしれませんが、書類の書き方さえわかれば誰でもできます。しかも、ネット上に経験者が、書類の書き方まで全部公開しています。私もそれらの情報を参考にしつつ必要書類を完成させ、すぐに簡易裁判所に駆け込みました。【図3-5】

ネットだけの情報で書くのは不安があるかもしれませんが、心配には及びません。裁判所では書類を提出する際に、書記官がちゃんと内容をチェックしてくれるのです。切手代とかもろもろ経費がかかりましたが、トータルで1万円ぐらいでした。

さて、訴状が送達されると大家の顧問弁護士から電話がかかってきました。「残金40万円のうち一部を返すから勘弁してくれ」とのことです。

もちろん、私は折れません。「全滅か、降伏か、イエスかノーか！」と山下大将[15]ばりに迫りました。なぜ私がそんなに強気でいられたかというと、**敷金返還訴訟の過去の判例において、大家が負けるケースがほぼ100％だったからです。**

強気に出た私に対し、弁護士は「もし裁判ということなら簡易裁判所の少額訴訟ではなく、地方裁判所に移管を求める」などという脅しもかけてきました。しかし、向こうがそんなことをするはずがありません。そんなことをしたら弁護士の日当だけで私の返還請求額を上回る可能性大ですから、なんの脅しにもなっていません。費用対効果を考えたら、この場で返すしか相手に選択肢はないのです。

ということで、弁護士と2、3回電話で話して「私は絶対に訴訟を取り下げませんよ」といい続けたら、結局全額返ってきました。この一勝は大きかったです。2回目は本気で訴えるつもりで大家に「敷金は全額返してください」と交渉したら、こちらの真剣な姿勢に恐れをなしたのか、すぐに振り込んできました。

最初は「特約がーー！」などとわめいていたのですが、私が

15 山下大将
旧日本軍で陸軍大将を務めた山下奉文のこと。太平洋戦争の折にはイギリス領だったマレーに侵攻したマレー作戦を指揮し、イギリス軍司令官のアーサー・パーシバルに「イエスかノーか」と降伏を迫ったとされる逸話が有名。その勇猛果敢さから「マレーの虎」とも呼ばれた。

「それが有効かどうかはあなたが決めるんじゃなくて、裁判所が決めること。私は無効だと思うのですが、裁判所の判断を仰ぎましょうか？」

と言い返したら、相手も不承ながら折り合いをつけてきました。私はもう書類を準備していて、交渉決裂したらその足で簡易裁判所に行こうかと思っていたんですがねぇ……。

情報を集めれば強い行動に出られる

ということで、敷金返還訴訟を勝ち抜くコツ、それは「気合い」です。「気合い」とはどこから生じるかというと、それは情報と知識、それから神の教えを守るという信仰心と宗教的な確信からです（笑）「自然損耗」という神の福音に逆らう大家は悪魔なのです。

とはいえ、私も最初からこのように戦えていたわけではありません。読者の皆さんの中には「気合い」不足で大家のいう通り払ってしまった人もいるでしょうが、安心してください。私だって最初は根性ナシでした。

私が今住んでいる家は社会人になってから8軒目ですが、2軒目と4軒目の時にはやっちまいました。2軒目は1年半、4軒目に至っては半年しか住んでないのに、敷金の半分ぐらいとられてしまったのです。どうみても単なる自然損耗、

敷金返還訴訟を勝ち抜くコツは
情報、知識、信仰心、確信、そして気合

自分で掃除すれば簡単に取れるぐらいの汚れにクリーニング代3万5000円を請求されて、満額敷金と相殺されました。どう考えても単なるボッタクリです。

この時に私が反論できなかった理由として、情報が不足していたということはあります。少額訴訟制度が始まったのは1998年のことですが、2軒目の敷金でもめたのがまさに98年、4軒目が2002年でした。まだこの制度自体が認知されていなかったのです。もし、この時に実行していれば、私はパイオニアでしたね。でも、ネットに体験談が大量に転がっているような状況ではありませんでしたから、はるかに手間や時間がかかっただろうと思われます。

その後、2003年ごろになってから、ネットでいろいろと検索して敷金返還訴訟のことを知りました。悔しくなった私は、すでに払ってしまった敷金をなんとか取り返せないか、悪あがきをしたんです。

不法行為による損害賠償請求権の時効は3年ですから、2002年の敷金は取り戻せるはずです。書類さえ一通り揃えれば少なくとも4軒目の敷金返還訴訟は簡単にできたでしょう。敷金返還訴訟はちょうど増えていた時期でしたから。

しかし、私は引っ越しの時に書類を大量に破棄したために、賃貸契約書や退去時の精算書などを発見することができませんでした。ここで心が折れてしまったのです。仮に書類を破棄していても、銀行の通帳を調べたりして自分でお金のやりとりの記録を作れば裁判はできました。しかし、その時の私には足りなかったのです。「気合い」が……。

情報は得るだけでなく「実践することが大切」

なぜ「気合い」が不足したのか。それは神の声を聴く努力、つまり信仰心がまだ足りなかったのです。結局、私は神に見放され、悪魔の餌食になってしまいました。

私がロバート・キヨサキ氏の『金持ち父さん、貧乏父さん』を初めて読んだのはちょうど2000年ごろでした。つまり、私が敷金返還訴訟を断念した03年は、神の福音に触れてからすでに3年も経過していたのです。にも関わらず、それを信じる気持ちが足りていないがために、中途半端な生き方をしてしまいました。

神はそんな迷える人間に敢えて試練を与え、神の声を聴くことの大切さを教えてくれたのかもしれません。私は悪魔の餌食になることによって、単に神の福音を聴くだけではダメだと気付きました。せっかく届いた良い知らせも、普段の生活に活かし、実践しなければまったく意味がないのです。

生活＝信仰。

私の宗教生活が始まったのはまさにこの瞬間でした。二度と悪魔の餌食にならないために、常に神とともに歩むこと、日々修行を続けることを決意したのです。それから4年。自宅ではなく、事務所の移転の時に初めて敷金返還訴訟を提訴しました。結果は前述した通りです。この時ようやく、私の信仰心は本物になりました。

信心は1日にしてならず。福音を聴き、情報収集に励み、そして実践することこそが、神の義認を得る唯一にして最短の道なのです！

だから、皆さんが悪魔の餌食になったとしても諦めないでください。旧約聖書のヨブ記[16]ではありませんが、その悲惨な体験を通じて神はあなたになにかを伝えようとしているのです。きっと。

16 ヨブ記
旧約聖書に収められている書物のひとつで、ヨブという名前のユダヤ人が主人公。神の僕であるサタンがヨブの信仰心を確かめるため、神の許しを得てさまざまな試練を与える。そのため、財産や家族を失ったりひどい皮膚病になったりと、特に悪いことはしていないのにヨブは散々な目に遭う。

「更新料」という悪魔の棲む家

更新料はどうにもできないので引っ越すしかない

ある日、私の運営するサイトへのコメントでこんな質問をいただきました。

＊　＊　＊

敷金・礼金と更新料は同じと考えて良いのでしょうか？

現在、家賃17万円の賃貸マンションに住んでいますが、2年に1回、更新料という名目で15万円を徴収されています。

当面はここに住むつもりなので、大家側とガチンコでやりあうと「イヤなら出てけ！」といわれそうで……。信仰心が足りなくてすいません。

ハンドルネーム：コピロフさん

＊　＊　＊

ということで、ここでは賃貸物件の更新料について説明しましょう。

結論をいうと、敷金には「自然損耗」という神の祝福があるのですが、更新料に神のご加護はないのです。いや、むしろ更新料とは悪魔の呪いです。これはもう、どうすることもできません。

インターネットを見ていると、たまに「更新料は支払わなくても問題ない」と書かれた記事がありますが、敬虔なる皆さんはこれを鵜呑みにしてはいけません。そんな記事にのせられたら、悪魔の餌食になるだけです。多くの場合、こうした理屈は次のようなロジックで説明されています。

例えば2年の賃貸契約を結んだ場合、一般的には2年目に更新料を支払うことで契約が継続され、住み続けることができます。しかし、借地借家法第26条に規定されている法定更新[17]という制度では、賃借人を保護する観点から無条件で更新が成立するとされています。つまり、「賃貸契約は更新料を払った場合のみ有効になるものではない」という理屈から、更新料の支払いを拒否してもそのまま住み続けられると主張している場合が多いのです。

更新料については最高裁判決が出ている

一読すると納得してしまいそうですが、これを真に受けたら危険です。なぜなら、更新料については２０１１年に「高額すぎるなどの特段の事情がない限り、更新料条項は有効」だという最高裁判決が出ているからです。

最高裁は、更新料があらかじめ賃貸契約書に明記されていて、それが1年あた

17 **法定更新**
借地借家法に基づいて、借家契約が自動的に更新されること。借家契約ではどうしても借主（店子）の方が立場が弱いため、借主を守るために作られている。借主が「契約を更新しない」などの旨を通知しなかったら、それまでと同じ条件で契約が自動的に更新される。

【図3-6】更新料に関する最高裁判所の判例

裁判の争点	賃貸契約書に記載された更新料の支払いを求める項目は消費者契約法10条でいう「民法第1条第2項に規定する基本原則に反して消費者の利益を一方的に害するもの」に該当するのではないか。
判　決	賃貸借契約書に一義的かつ具体的に記載された更新料の支払いを約する条項は、**更新料の額が賃料の額、賃貸借契約が更新される期間等に照らし高額に過ぎるなどの特段の事情がない限り**、消費者契約法10条にいう「民法第1条第2項に規定する基本原則に反して消費者の利益を一方的に害するもの」には当たらない。

※消費者契約法第10条：民法 、商法（明治32年法律第48号）その他の法律の公の秩序に関しない規定の適用による場合に比し、消費者の権利を制限し、又は消費者の義務を加重する消費者契約の条項であって、民法第1条第2項に規定する基本原則に反して消費者の利益を一方的に害するものは、無効とする。
※民法第1条：私権は、公共の福祉に適合しなければならない。(2)権利の行使及び義務の履行は、信義に従い誠実に行わなければならない。

り賃料の2か月分以内なら、「消費者利益を一方的に害するとはいえない」と結論付けています。つまり、不動産賃貸の更新料は消費者契約法10条が無効と定める「信義則に反して消費者の利益を一方的に侵害する契約」には当たらないのです。【図3-6】

　ということで、いくら悪あがきして更新料の支払いを拒否しても、最高裁判例の基準を満たせば契約は有効です。最後まで不払いを貫けば、借り手は訴えられて100％裁判で負けます。銀行預金などを差し押さえられて、強制的に更新料を払わされて終わり。まさに悪魔の餌食ですよ。

　もちろん、更新料を無理やり払わされるだけですから、支払いを拒否し続けても物件から追い出されるわけではありません。だからといって、負けが決まっている戦いにコストをかけるのはいかがなものかと私は思います。

最近は更新料ナシの物件も多い

敢えていうなら、契約書に更新料の取り決めがなくて、いきなり家賃3か月分を請求されたという状況であれば戦えます。

でも、大家も管理会社もこの判決は知っているでしょうから、合法的に取れる範囲でしか更新料は請求しません。関東地方の一般的な賃貸住宅の場合、更新料はだいたい2年で家賃1か月分というのが相場でしょう。これだと楽々セーフ。裁判で戦っても、まず更新料の支払いを拒否することはできません。

本当に悪魔のような判決ですが、もう決まったことなので従う他に仕方ありません。『エクソシスト』[18]の神父よろしく悪魔祓いをするのではなく、そもそも悪魔の棲む家から出て行くことを検討した方が賢明でしょう。

というのも、最近は更新料ナシという物件も増えてきているからです。圧倒的な借り手市場になりつつある今、条件が悪い物件はディスカウントしないと誰も借りてくれません。そこで、大家さんも家賃を下げたり、更新料ナシにしたりと涙ぐましい努力をしているわけです。

18『エクソシスト』
1973年に公開されたホラー映画で、アカデミー賞の脚本賞などを受賞した。悪魔に取り憑かれたある少女と悪魔祓いを敢行する神父の戦いを描いた作品で、数多くの続編が製作された。

実際、インターネットの不動産ポータルサイトを見ると、「更新料ナシ」という条件で検索できるところもあります。そこで探せば、今や更新料の必要ない物件が驚くほどたくさんあることに気付くはずです。もうそんな時代になっているのです。

もちろん、更新料の件で悩んでいる人は、現在住んでいる物件へのこだわりもあるでしょう。しかし、その家はすでに「更新料」という悪魔が棲みついていて、これは裁判所に泣きついてもどうにもならないんです。

悪魔祓いをしても無駄。だとしたら、もう自分から立ち去るしかありません。今回は「悪魔よ去れ！」ではなく、「迷える子羊よ、今すぐ悪魔の棲む家を去りなさい！」でしたね。大家が全員悪魔というわけではないのですよ！

更新料を支払うのが嫌なら、下手に戦わず、更新料のない物件に引っ越してしまう。これこそ信仰心の篤い者がすべき賢い選択なのです。

更新料を支払うのが嫌なら、下手に戦わず、
更新料のない物件に引っ越しましょう。

コラム 3

横浜のマンションとレモン問題

横浜のマンション事案に端を発したずさんな施工管理の問題は、日本全国のマンションに波及しました。ご承知の通り、実際の施工を請け負っていた旭化成建材が2015年の10月に、過去10年間の杭打ち物件を発表したのです。それが次ページの表です。その後11月になって、同社は少なくとも266件でデータの流用が行われていたことが判明したと発表しました。【図2‐10】

この一件により、旭化成建材以外の施工会社でも同じような不正が行われていたのではないかと、人々が不安に陥ってしまいました。まさに「アカロフのレモン問題」に突入です。

アカロフのレモン問題とは、「情報の非対称性」が市場経済に深刻な失敗をもたらすことを証明した理論です。「逆選択の問題」ともいわれます。

中古車の販売市場では、事故車（レモン）であっても修理されてきれいに並べられているため、買い手にはどれがレモンかわかりません。そのため買い手は「どうせ事故車かもしれないんだろ？　だったら安い方が良いや！」と考えるように

【図2-10】旭化成建材の2015年から過去10年間の杭打ち工事実績

	集合住宅	その他・不明	総計
北海道	120	302	422
青森県	1	18	19
岩手県	2	11	13
宮城県	5	75	80
秋田県	8	19	27
山形県	1	4	5
福島県	10	77	87
茨城県	14	165	179
栃木県	1	16	17
群馬県	5	34	39
埼玉県	56	142	198
千葉県	32	136	168
東京都	157	199	356
神奈川県	53	139	192
新潟県	1	2	3
富山県	0	1	1
石川県	3	22	25
福井県	0	1	1
山梨県	2	33	35
長野県	6	23	29
岐阜県	2	15	17
静岡県	11	44	55
愛知県	22	60	82
三重県	4	9	13

	集合住宅	その他・不明	総計
滋賀県	4	17	21
和歌山県	0	0	0
京都府	9	39	48
大阪府	58	204	262
兵庫県	22	67	89
奈良県	8	14	22
鳥取県	4	12	16
島根県	18	103	121
岡山県	3	24	27
広島県	13	99	112
山口県	13	31	44
徳島県	3	16	19
香川県	1	8	9
愛媛県	5	59	64
高知県	2	5	7
福岡県	7	40	47
佐賀県	0	7	7
長崎県	0	5	5
熊本県	3	9	12
大分県	0	10	10
宮崎県	6	19	25
鹿児島県	1	9	10
沖縄県	0	0	0
総計	696	2344	3040

（件）

出典：旭化成建材の発表資料「過去10年間の杭工事実績（施工データの流用等が無かったかを確認する現場数）」

なり、安い価格のレモンばかり売れてしまうようになるのです。

すると逆に、レモンではない高い車は売れ残ってしまいます。市場には高いけれど質の良い製品もあるのに、人々がなぜか質も悪い事故車（レモン）ばかりを選ぶ「逆選択」が起こってしまうわけです。

マンションでレモン問題が起こると……

マンションにおいても、これと同じ情報の非対称性が存在することが今回の事件で明白になりました。マンションを買う人は、「どうせ手抜き工事だろ？」と考えて、とにかく安いものを買いたたきたくなる……なんてことにはなるはずがありませんよね？　だって、一生に一度の超高額な買い物ですから。普通はいくら安いからって手抜き工事の物件は買いません。

では、マンション市場で「情報の非対称性」が疑われるようになるとどんなことが起こるのでしょうか？

簡単です。マンションが売れなくなります。質の悪いマンションかもしれないのなら、「買わない方がマシ」と人々が考えるようになるのです。既存のマンションの転売も厳しくなるでしょう。資産価値は暴落します。

どのくらい暴落するかというと、理論的には「どうせ手抜きだけど○年住めればいいか」と、購入者が納得できるところまでです。「〇年」にどのくらいの数字が入るかは人によってさまざまで、市場に聞いてみないとわかりません。

この事件により、しばらくマンションは新築も、中古販売市場も低迷するかもしれません。その間隙を縫ってあざとく戸建て系のハウスメーカーや工務店が儲けることは考えられます。

しかし、これからマンションを買おうかと悩んでいた人にとって、こうした不動産業界の実態が明るみになったことは朗報といえるかもしれません。

建築業界の手抜きは以前から行われていた

ちなみに、日本ではこれまでに何度かマンションブームが発生してきましたが、日本の建設業の供給力だってそんなに分厚いわけじゃありません。そのため、そうしたブームが起こると途端に供給が追いつかなくなり、それにともなって手抜き建築が増えていくことがあり得るのです。

実際、バブルのころにも手抜き工事の問題はたくさん発生していました。鉄筋の仕事をやっている友人が、こんなことを話していたのを覚えています。

「規格通りのコンクリートだと目詰まりして作業がはかどらないから、現場で水をじゃんじゃん入れて薄めていた」

「忙しい時は現場で食べた弁当の残りを型枠の中に捨てて、その上からコンクリート流し込んでいた」

ゴミを捨てに行く暇もないほど納期を煽られていたから仕方がなかったと話していましたが、消費者側からすれば「ふざけるな!」の一言です。しかし、こうしたことがずっと行われていたわけです。恐ろしい話ですね。

第4章

間違いだらけの家選び

貧乏人は備え付け家電を買う

マイホーム購入でお金がかかるのは家だけじゃない

中古住宅の評価というのは、それはそれは悲惨です。もう家としては扱われない。不動産世界における奴隷、家畜、それが中古住宅です。特に都心ではなく、郊外の私鉄沿線の駅から徒歩10分以上かかる戸建て住宅は悲惨です。

私は29歳で買った家を32歳で売る羽目になり、この恐ろしい弾圧を経験しました。精神的な苦痛、そしてなによりも屈辱的な扱いに大きなストレスを感じたことはいうまでもありません。

二度とあの地獄には堕ちたくありません。まさに悪魔の棲む世界でした。だからこそ、皆さんには同じ思いをしてほしくないという思いから、少しでも多くの忠告をお伝えしたいと考えています。

悪魔に取り憑かれているときには、家の設備が素晴らしく見えます。備え付けの食洗器、床暖房、浴室乾燥……。しかし、これらは悪魔が見せている幻です！

こんなものは、売るときにはなんの価値もありません。ゼロです！

神の言葉を思い出してください。

金持ちはお金を出して資産を買う
貧乏人はお金を出して負債を買う

新築の家を買ってしまったばかりに、間取りのカスタマイズをするときにセールストークに騙されてみんな備え付けの高い設備を買ってしまうのです。買うのは家だけにしておけばいいのに、結局家を買って、さらに設備に金を使う。私はまさに貧乏人の金の使い方をやっちまったんですよ‼ クソ‼ 金返せ！！！

備え付け家電はとにかく勝手が悪い！

床暖房は確かに暖かいです。風も出ませんので埃も巻き上げません。でも、本当に寒い時は床暖房じゃぜんぜん足りません。結局、エアコンを入れたりしていました。

石油ファンヒーターの超ハイエンド[1]商品を買ったってせいぜい3万円。最近のものなら1万円しない製品だってあります。しかもすばらしく暖かい！ 床暖房なんかやったら30万円ぐらい軽く取られてしまいます。

食洗器も一緒です。備え付けは作った時点の型番で固定されて取り換えるのは

1 ハイエンド
同一の製品またはサービスのなかでもっとも品質が高く、つまりもっとも価格も高いもの、およびその価格帯のことを指す。対義語はローエンド。

ほぼ無理。しかし、家電で買えば3万円ぐらいで、古くなったら新品との取り替えも楽チンです。備え付けにする意味がわかりません。

備え付けにするとそれにともない造作工事が必要で、そこに手間賃がかかります。これに対して家電を自分で買って来て好きな場所に置けば、必要なのは製品の値段だけ。しかも、量販店の家電なら価格競争があるので安い。オンリーワンの備え付けには価格競争がありません。1000万円以上損して、初めてそのことに気づきました。

それほど悪魔の誘惑というのは魅力的だということです。

家はシンプルな「箱」が一番良い

家なんて箱です。

究極はスケルトンの躯体《くたい》を用途に応じてカスタマイズするのがあるべき姿です。今という時間のニーズに合わせてカスタマイズし過ぎれば、必ずあとで直すときに異常なコストがかかります。中古市場で家を買い求める人のニーズにそんなカスタマイズし過ぎた住宅が応えられるわけありません。

だからこそ、備え付け家電を始めとしたカスタマイズに対する評価はゼロなんです。悔しいですけど、市場が正しい。これがシビアな現実なのです。

日本の中古住宅市場において、
備え付け家電などの評価はゼロ！

私はそれ以降、付帯設備で価値を偽装した家には絶対に住まないと決めました。これは賃貸だろうが分譲だろうが関係ありません。これこそ、私が体得した究極の悟りのひとつです。

家の究極の形は箱！
備え付け家電などのカスタマイズは
無用の長物である。

家を蝕む悪魔・結露との戦い

なぜ日本の窓は二重窓じゃないのか

備え付けの家電とかまったく価値がないものはいろいろくっつけるくせに、日本の住宅は建具に全然金をかけてないという本当に腹立たしいことがあります。日本は自然が豊かです。気候が温暖で、水が豊富です。水が豊富ということは湿気がある。そして……湿気といえば結露ですよ‼　これが最悪です。

人生初の新築が完成したのが秋の気配が近づく9月末、引っ越しは10月でした。引っ越してすぐに迎えた初めての迎えた冬の朝、目覚めた私は愕然としました。

窓が滝になっていたのです！

最初は乾いたぞうきんで拭いていましたが、毎日毎日とんでもなく結露が発生するのであきらめました。量販店に行って、結露取り用のワイパーを買ってきたのです。５０００万円出してこれとは、いまだに許せません……。

さて、結露のメカニズムは簡単です。

気温差です。外が寒くて中が暖かい。なまじ日本の住宅は気密性が高く中が暖かいですから、その温かい空気が建物の躯体を暖めてしまうわけです。壁には断

【図 4-1】結露のメカニズム

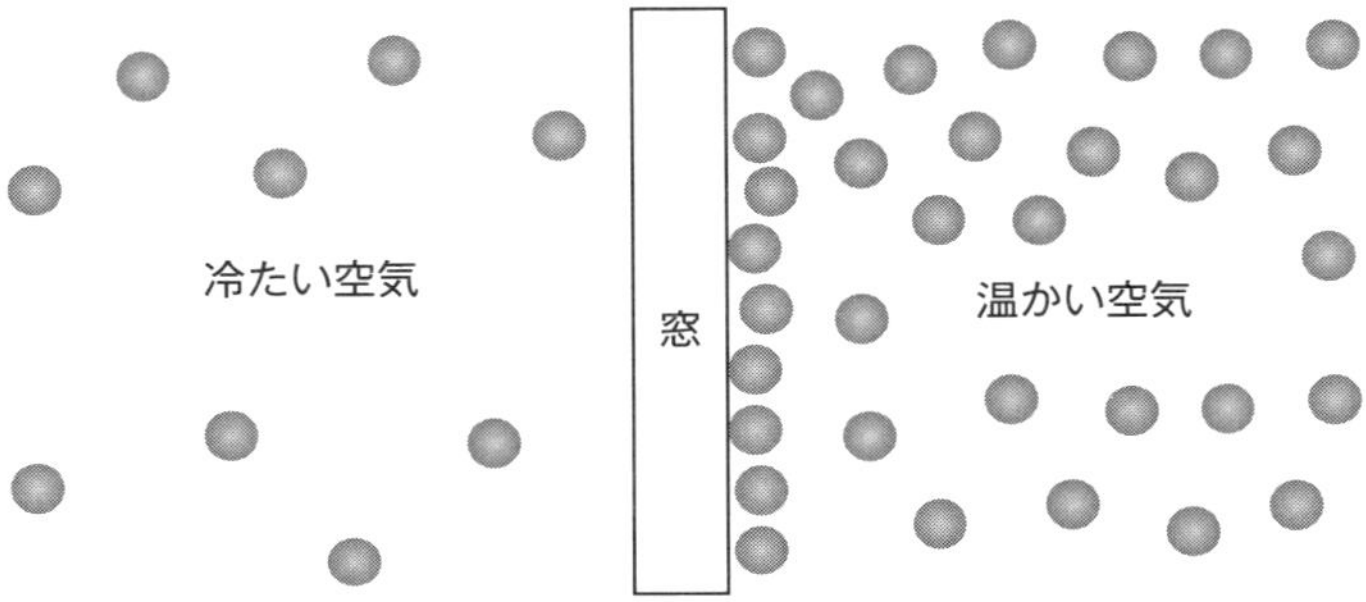

温かい空気の方が空気中の水分量が多くなりやすく、外の冷たい空気に冷やされた窓に水分子がぶつかり窓のところで液体化することで結露が発生する。

熱材が入っていますから、外の冷たい空気と中の暖かい空気は交わりません。ところが、窓はアルミサッシじゃないですか。しかもガラス一枚。

熱伝導が良すぎるんですよ！！！

外からは冷やされ、中からは温められる。気温が高いと飽和水蒸気量[2]も多いので空気中に水分は吸収されますが、窓の表面だけ極端に気温が低いと、そこだけ飽和水蒸気量が少なくなって吸収されない水分が出てきてしまうのです。これが結露の正体です。【図４－１】

それから、皮肉なことに日本の住宅のスペックが上がったことも大きな要因のひとつでしょう。私が子どものころに住んでいた家は塗り壁で、柱と壁のすき間から外が少し見えるぐらい、断熱なんて

2 **飽和水蒸気量**
1立方平方メートルの空間に存在できる水蒸気の質量をグラム（g）で表したもの。

概念のない構造物でした。ですから、家の中の気温も外気温と大して変わりなく、結露そのものがしにくかったし、すきま風全開で水分も飛んでいたわけですよ。あばら家の利点ですね！

しかし、今の家は中途半端にハイスペックなんです。当時、私は滝と戦いました。例えば、結露取り用のワイパーを始め、さまざまなアイテムを試しました。結露防止フィルムや、結露防止スプレーなど……。結露防止フィルムは空気が入らないように貼るのがとても大変です。しかも、効果はゼロでした（私がこれを使っていたのは今から10年以上前なので今の製品はどうか知りませんが……）。苦労して貼った労力を返せ！と思いましたよ。

一方、結露防止スプレーは効果はありました。ただ、効くのですが、時間が経つと効果が薄れてきます。そしてまた滝が復活。まぁ当然ですよ。毎週窓にスプレーするのも大変です。結局スプレーもやめて、ワイパーに戻りました……。

日本ではなぜか二重窓が普及していない

寒い国では「木製サッシ＋二重窓」が基本です。窓自体に断熱を施して熱伝導を悪くすることで室内の結露を防ぎます。でも、恐ろしいことに日本の住宅に二重窓はまったく普及してないのです。

総務省統計局の調査結果が公表している２００８年時点のデータによると、その普及率はなんと21・１％。つまり、日本の家の８割は、毎年冬になると家の中に滝が出現するということでしょうか。まぁ、冬も暖かい地方は除いても良いでしょうから、８割はいい過ぎかもしれませんが。【図４‐２】

結露を防ぐことで住宅の寿命は長持ちするわけです。こんなの基本中の基本ですが、どうして日本では木製サッシや二重窓が標準装備じゃないのでしょう。マニアックなカスタマイズなんて本当にどうでもいいので、もっと住宅の寿命を延ばして転売価値を高めるべきです。なぜ人々はそうしたところに頭を働かせないのでしょうか？

――そうなのです。売る人間も、買う人間も、転売価値なんてものはまったく考えていないのです。住宅を建てたあと、その品質を保つ努力をするという意識が欠落しているのです。買う人がほぼ全員悪魔に取り憑かれています！　住宅『オーメン』[3]ですよ。

木製サッシより、「駅から○分」「○ＬＤＫ」のカタログスペック重視！　結露で腐りかけた家も、駅の近くなら高く売れてしまったりします。こうやって、悪魔は犠牲者を増やしながら勢力を拡大させていくのです。

もちろん、初めて家を買った時の私はまだ29歳だったので、まったくそんな知

３『オーメン』
１９７６年に公開されたホラー映画。６月６日の午前６時に誕生し、頭に６６６のアザを持って生まれてきた少年・ダミアンの周辺で起こる怪奇現象を巡り、彼の正体に迫る作品。人気を博したために続編が３作公開されたほか、２００６年には初代のリメイク映画（邦題は『オーメン６６６』）も製作された。

【図 4-2】都道府県別「二重サッシまたは複層ガラスのある家」の割合

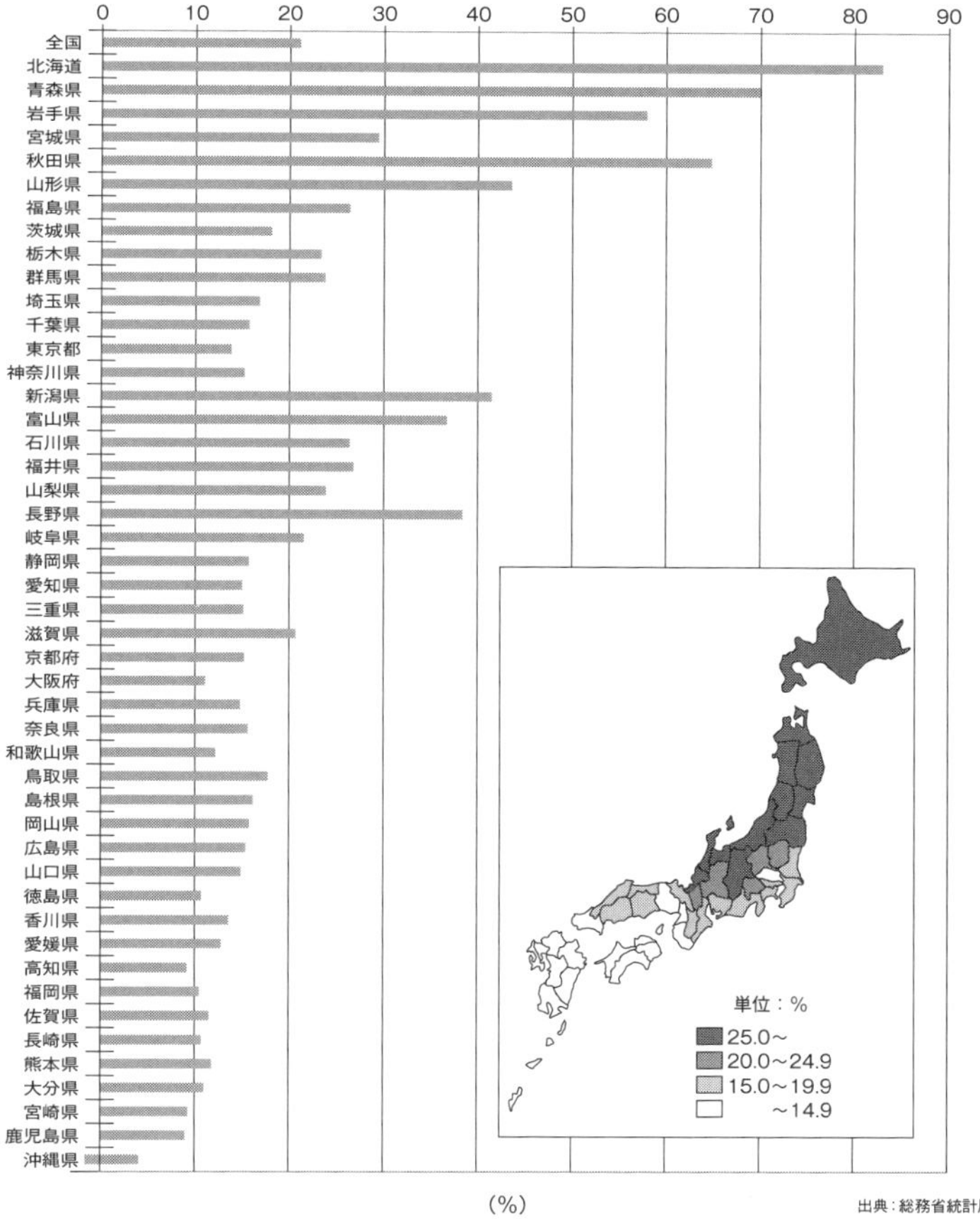

出典：総務省統計局

識はありませんでした。だから、買ったあとに窓が滝になって愕然としたわけです。オーダーメイドで作ったレースのカーテンにはカビがはえるし、冬場は朝昼晩と滝の世話。カビはアレルギーなど健康面に悪影響も及ぼしかねません。

それからこれは指摘していただいたご意見ですが、目には見えない「壁内結露」も要注意です。断熱材が適切に施工されてなかったり、経年劣化でやせてきたりすると、すきまができたり、断熱性が壁の中で不均衡になったり……それがまた壁の中で見えない結露の原因になります。もちろん壁の中もカビだらけ。結果、柱や土台が腐食してもろくなってしまうわけです。

かつて、自分で自分に「この家はいい家だ」といい聞かせていましたが、洗脳が解けた今、改めて宣言します。

滝はいらない‼

皆さんも、くれぐれも転売価値を無視した悪魔の考えに則《のっと》って建てられた家には住まないようにしましょう。さもなければ、「窓が滝になる」という天罰が下ります。

「意識高い系」の家・コーポラティブハウス

マイホームはエンターテイメントではない

ここからは、少し住宅の変化球について考えていきましょう。クセ球を投げれば悪魔の魔の手から逃げられると思ったら甘すぎです。

最近よく聞くのが「コーポラティブハウス」というものです。2000年ごろから流行り始めたのですが、知っているでしょうか。

コーポラティブハウスとは、気の合う人同士が集まって（たいていはいわゆる「意識高い系[4]（笑）」）組合を結成し、その組合が事業主になって集合住宅を建てるというものです。土地の取得、建築家や施工業者との打ち合わせなど、通常はデベロッパーに任せることを、将来の住民組合がすべてやります。自分の住む理想の家を自由に設計できるといううたい文句で、一時かなり流行りました。コーポラティブハウス専門の建設会社まであるぐらいです。【図4-3】

そんな会社のWebサイトを見ると、まるでブルーボトルコーヒー[5]のような意識の高さが伝わってきます。WindowsのPCなんか持っている奴は出入り禁止！朝飯はスムージーでも飲んでください、といった感じです。

こうした物件ですが、大抵は駅から遠い、路地裏の中途半端な土地に多いとい

4 意識高い系
元々はネットスラング（ネット上で使われる俗語）。明確な定義はないが、「小難しいカタカナビジネス用語を多用する」「ビジネス書を読み漁る」「自分の忙しさや努力をさりげなく自慢する」などの行為を日常的に行っている人が当てはまる。

5 ブルーボトルコーヒー
アメリカ発のコーヒー生産販売企業。2015年2月に海外初の店舗として東京の清澄白河に「清澄白河ロースタリー&カフェ」をオープンさせた。こだわりの豆を使い、焙煎後48時間以内のものしか提供しないなど、独自のこだわりを持つ。

【図4-3】コーポラティブハウスの仕組み

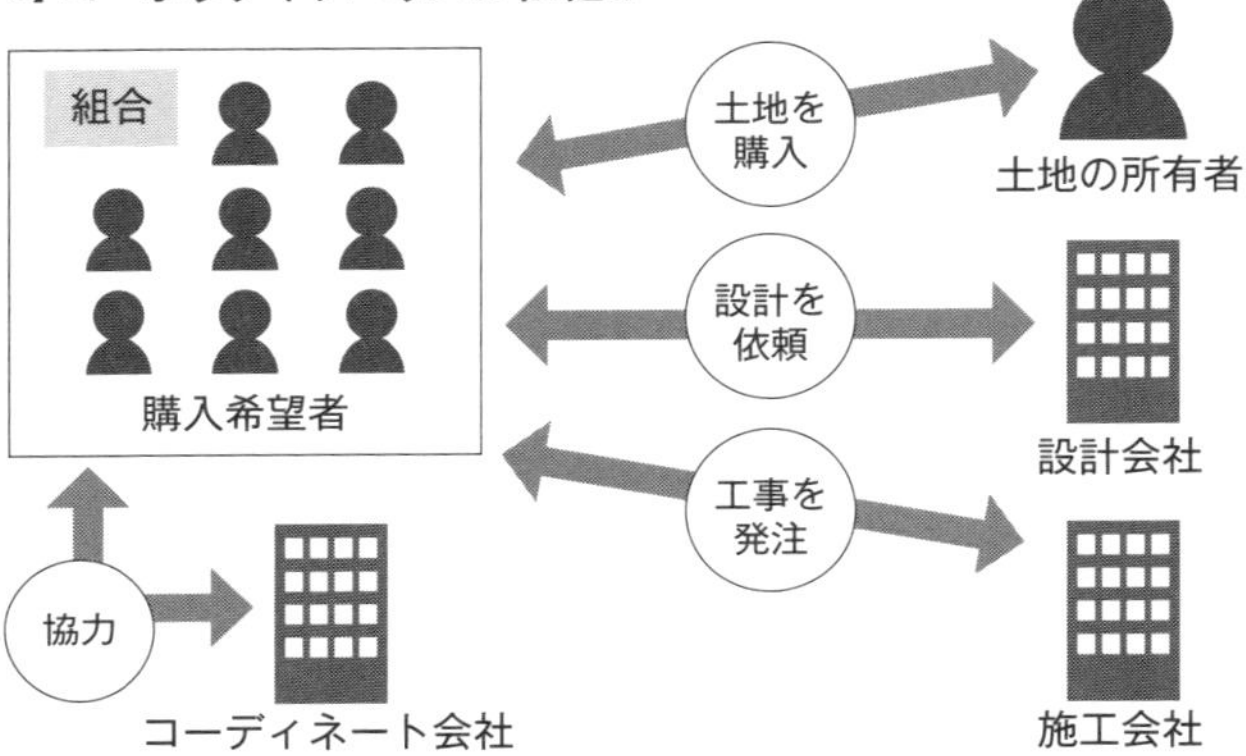

われています。コーポラティブハウスのような小規模マンションは、タワーマンションが建つような一等地に作るとあまりにもスペース効率が悪いからです。

地主と建設会社としては、イマイチな土地にオシャレという要素を組み込むことで付加価値を付けて売れる。建設会社は建物代で儲けます。そして、住む人は自分のライフスタイル（笑）なるものを、家を通して実現するそうです。

さて、このコーポラティブハウス、いろいろな問題を抱えています。先ほど紹介した建設会社のホームページには絶対に書いてない問題点を指摘しましょう。本書をここまでお読みいただいた方ならすでにお気付きかと思います。

極度にカスタマイズした家は、建築費が高く、転売価格が安い。これですよ。コーポラティブハウスは集合住宅全体がカスタマイズの塊です。しかも、みんなで集まってこうしたものを建てる人は基本的に「意識高い系」です。彼らには独自のこだわりがあるので、同じ意識高い系同士でも他人がカスタマイズした家は嫌なのです。まして、一般の人にとっては理解できない趣味でしょう。だからこそ、いざ売ろうとしてもなかなか高い値段がつかなくなるのです。

しかも、大量の同じ部品を使って建てられ、現場の設計や作業もマニュアル化されているマンションはある程度コストが抑えられるのに対して、コーポラティブハウスはカスタマイズの塊ですから、小規模なマンションの割にコストが高い。しかし、高くつくからと妥協しまくった設計にすれば「意識高い系」のニーズには対応できません。建築段階でそのあたりをめぐって、仲良し意識高い系サークルに亀裂が入ったりすることもあるようです。

もちろん、転売価値をちゃんと考慮して、「転売に有利なコーポラティブハウス」を立てることは理論的には可能です。私を始め、勉強家の有志が集まってやるなら、それはそれで成立するでしょう。

しかし残念なことに、コーポラティブハウスに憧れてしまうような「意識高い

過剰にカスタマイズされた家は
売ろうとしても高い値段がつかない。

系」の人々には、転売価値なんかよりも自己実現、おしゃれ重視の人が多数派です。結局、オーバーカスタマイズの中途半端な規模のマンションが、駅から遠い場所に建つだけです。2040年には空き家率が4割になろうとしているのに……。

もちろん、組合の人と仲たがいしようと、地震などの災害で家がぼろぼろになろうと、将来売るに売れないリスクがあろうと、とにかく自分が徹底的にこだわった家にどうしても住みたいというなら無理に止めることはしません。しかし、そこまでの強いこだわりを持っていない人には、安易にコーポラティブハウスに手を出すのはお勧めできません。

カスタマイズしすぎのリフォームも問題あり

それから、リフォームといえば、誰もが一度は見聞きしたことがあるだろう「あのテレビ番組」がありますね。先日も、地盤改良をともなう古民家再生の難工事がたった2000万円でできるわけがないだろうとツッコミを入れながら見てしまいました。毎回ツッコミどころ満載ですが、信じる人がいるから放送が続いているのでしょう。

もちろん、読者の皆さんはこの番組のリフォームの問題点についてすでにお気づきでしょう。一言でいえば「カスタマイズしすぎ‼」に尽きます。

あの番組の物件はカスタマイズの度が過ぎていて、毎回、忍者屋敷みたいな物件ができています。日光江戸村[6]も真っ青です。しかも、備え付け家具がことごとくキャスター付き！　将来のメンテナンスの手間など、まったく考えないに違いありません。

それに、ビフォーの時は暗めの露出で雑然とした感じの絵を撮り、アフターでの撮影は光をバシバシ当てて、明るく演出します。引っ越し前で家財も少なめですから、印象がぜんぜん違うのは当たり前です。そもそも、あんな美しいディスプレイのまま暮らせるわけがありません！　お前の家はモデルルームかと、1万時間ほど説教してやろうかと思いました。

建てた人が住み潰す家を理想に掲げると必ずああなります。しかし、転売価値、流通価値で考えたらどうでしょうか。いくらテレビに感化されたといっても、本当にああいった物件を買う人は少数派だと思います。コーポラティブハウスの転売価値がほぼゼロなのと同じです。

しかも、あの番組に取り上げられる家は、だいたい住宅街のど真ん中にある狭小地というパターンが多いです。駅からどのくらい距離があるのかはわかりませんが、あまり魅力的な立地にあるわけではないのでしょう。

やっぱりこれでは市場に負けます。日本の中古住宅市場ははっきりいってクソ

6 日光江戸村
栃木県日光市にある、江戸時代をモチーフにしたテーマパーク。忍者怪怪亭などさまざまな趣向を凝らした施設があり、派手ではないが口コミでの評価は高い。

です。素晴らしい設備や住空間などの評価はゼロ。床暖房も浴室乾燥も価値はありません。しかし、それでも市場の判断には従わざるを得ません。市場で価値がつかない家は、家の方が絶対に悪いのです。

広告などのイメージに踊らされてはいけない

私が不思議なのは、どうして転売価値が上がるリフォームをやらないのか、ということです。テレビ番組としてはストーリーを作りにくいのはわかります。備え付け家具は最小限、設備はほとんど量販店の家電ですから絵的にもパッとしないでしょう。

しかし、家を借りたり買ったりする人からすれば、量販店の家電の方がいつも最新型をそろえられて便利ですし、備え付けよりも自分の好きな家具を置いた方が暮らしやすいはず。やはり、家というのは究極的には箱（空間）であるという認識が不足しているのではないでしょうか。

もちろん、あれはあくまでテレビ番組ですから、番組としての都合が優先されていて当然です。しかし、世の中にはそういう大人の事情を察することができない人もいます。エンターテイメントと家づくりは根本的に違います。

この点は住宅雑誌全般にもいえます。雑誌でもやたらとオシャレなインテリア写真が掲載されていますが、あれもテレビ番組と同じく、実用性を無視して読者にイメージを膨らませ、高いものを買わせるテクニックに過ぎません。
これらは悪魔の誘惑ですね。うかつにもこんな話を信じたら地獄に堕ちますよ。

過剰なカスタマイズは価値を下げる!
テレビや広告など、
イメージに踊らされてはいけない。

デザイナーズ物件は「住むもの」ではない

安藤忠雄先生が教えてくれたこと

今度はいわゆるデザイナーズ物件について考えてみましょう。

デザイナーズ系の頂点に君臨する建築家といえば、いわずと知れた安藤忠雄氏です。新国立競技場の件[7]でミソがついてしょんぼりしているかもしれませんが、安藤氏が世のデザイナーたちに与えた影響は計り知れないものがあります。

もちろん、その影響の延長線上にある「安藤風」デザイナーズ住宅&マンションはたくさんあります。実は私は安藤さんと直接お話しして家のことについて聞いたことがあるので、その時のことをお話ししましょう。

以前、同じ事務所の勝間和代[8]さんのテレビのお仕事で、安藤忠雄氏に2日間にわたりインタビューする番組の収録に同行したことがあります。大阪で一泊二日だったので、初日の収録が終わったあとに番組のプロデューサーの計らいで、安藤氏と勝間さんの飲み会がセットされました。

私も勝間さんの事務所の社長として参加し、少し顔を覚えてもらえました。おかげでその後、新幹線でたまたま同じ車両だったときにもお話させていただいた

7 **新国立競技場の件**
2020年に開催予定の東京五輪のメイン会場となる予定の新国立競技場だが、15年に工期・経費の面でさまざまな問題があることが発覚。デザイン選考の審査委員長だった安藤忠雄氏も記者会見せざるを得ない状況になった。

8 **勝間和代**
筆者とともに株式会社監査と分析の取締役を務めている著述家・評論家。2015年には最高位戦日本プロ麻雀協会のプロ試験に合格している。

んです。確か、２回目に会ったのは２０１２年の解散総選挙の直前だったような気がします。

安藤氏の話はとにかくおもしろかった。なにがおもしろいって、安藤さんが住んでいる家は３ＬＤＫの普通のマンションなのです。「先生、なぜご自身が設計した家には住まないんですか？」と聞いたら、衝撃の答えが返ってきました。

「あれは作品やからねぇ」

安藤氏の「作品」としては、ファッションデザイナー・コシノヒロコさんが所有している『芦屋の邸宅』などが有名です。こういうのも含めて、自分の設計したものは「作品」なのだそうです。

「みんな大変だと思うけど、がんばって住んでいますねぇ」

と笑っていました。

安藤忠雄氏が普通の３ＬＤＫに住んでいるというのは都市伝説だと思っていたのですが……どうも実話だったようです。また、安藤さんの若い時のお話もおもしろかったです。

安藤さんはまだ若いころ空き地を見つけては「こんな建物建てたらいかがです

か？」という提案をし続けたそうです。９割ぐらい「お前は何者だ！」と追い返されたといっていました。でも、その提案を何度もやることでデザイン力を磨いて、１９７６年の『住吉の長屋』での、いわゆるコンクリート打ちっぱなしという「投げっぱなしジャーマン」みたいなスタイルを確立していきました。

しかも、建築家になる前はプロボクサーになろうと思っていたそうです。タイにまで遠征に行くほどの選手だったそうですが、ファイティング原田[9]選手とのスパーリングでボッコボコにされて、その道はあきらめたとのことでした。その後、建築を独学で学んで今のポジションまで上り詰めたわけです。

本物のデザイナーズ物件を見分けるポイント

安藤氏が手がけた家なら希少価値も高くブランド力もあるので、酔狂なお金持ちが世界中から列をなして買いに来るでしょう。もちろん、「作品」として。しかし、日本に数千人いるといわれている「安藤インスパイア系」の「作品」を買いに来る人は何人いるでしょうか？

名前も聞いたことない「建築家」をデザイナーということにして付加価値上げるのはけっこうですが、買う方はもっと賢くならないとダメです。なぜなら、これは結局、過剰なカスタマイズに他ならないからです。余計な作り付けの家具と

9 ファイティング原田
「飢えたライオンの底力」「狂った風車」などの通称でも呼ばれた元プロボクサー。19歳で世界フライ級王座のチャンピオンとなり、バンタム級に転向後、こちらでも世界王者となった。

【図4-4】デザイナーズマンションに住みたい理由

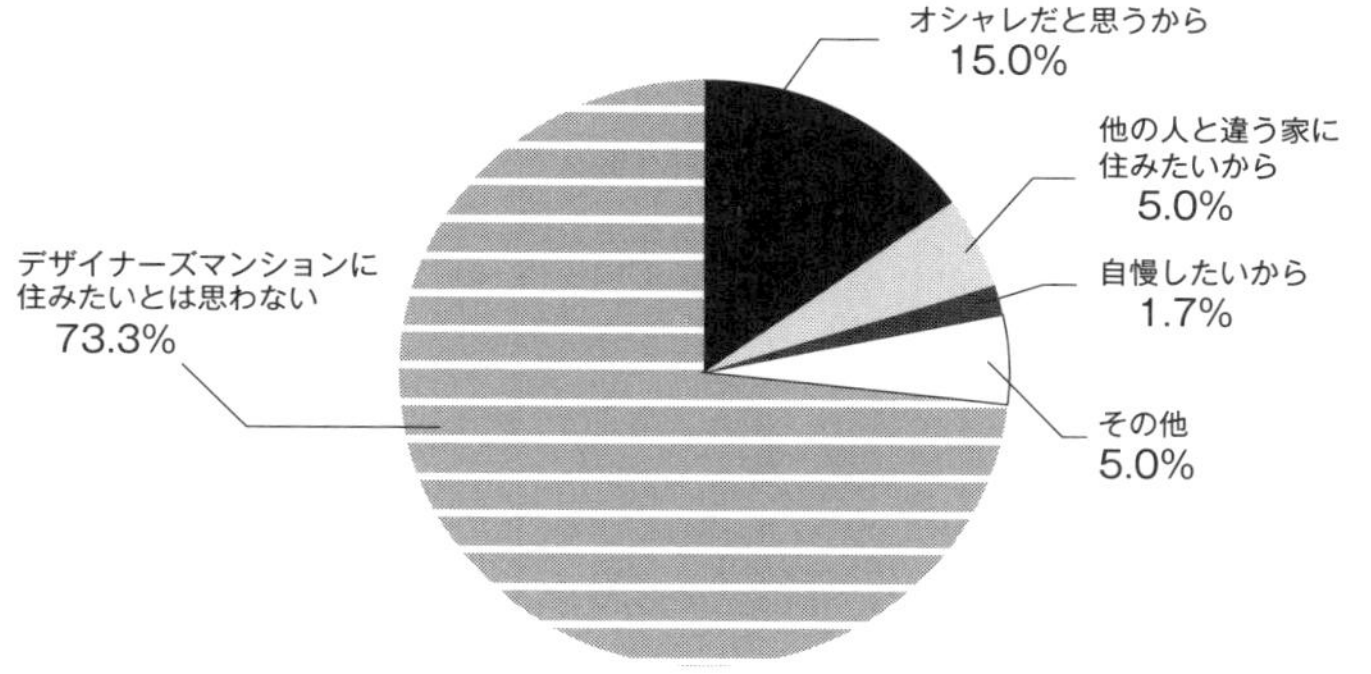

出典：デザイナーズマンション調査（2013年）

か収納とか、忍者屋敷みたいな間取りとかですね。駅から遠い狭小地にそんなものを作ったって価値は知れています。腹立たしいですが、市場の方が正しいのです。【図4-4】

それから、デザイナーズ系という視点でいうなら、見るべきポイントがあります。これは安藤氏に直接聞きましたから、間違いありません。

普通の住宅だと、床に幅木[10]があったり、窓枠や桟があったりします。しかし、本格的な安藤忠雄インスパイア系路線なら、これは全部NGです。

安藤氏のデザインは基本的に、「床-窓」「壁-窓」の境界に余計なものがなにもないのです。仮にあるとしたら、構造上どうしても必要なものだけ。空間を極力

10 **幅木**
損傷を防ぐため、壁と床が接する部分に儲けられた横板のこと。多くのものは壁面よりも出っ張った「出幅木」となっている。

シンプルに切り取らないと、インパクトは出ないそうです。もちろん、窓を開けたら窓は壁の中に完全に収まりきらないとダメです。

そうすると、壁や窓のレールにすごーく工夫が必要です。これでコストが上がります。でも、空間がスタイリッシュに切り取られるので、すごーく洗練された印象になるのです。

家を「アート」にできる人は限られている

そもそも、家に芸術的な美しさを追求するのであれば、金に糸目をつけてはいけません。破産するまで財産をぶっ込んで、それでも満足するものが得られないというのがアートという運動の本質です。居住性との両立を目指す時点で、それはもはやアートとは違うものになっているのです。

アートとは、ある特定の世界観をいかに体現するかにかかっています。絵画や彫刻と同じように、アートとしての建築はそれを媒介としてなにかしらのメッセージを人々に訴えているのです。その背後にあるものが薄っぺらければそれなりに、分厚ければガッツリといろんなものを作り込まなければいけません。

村上隆氏の『芸術起業論』[10]ではありませんが、現代美術にしろ、背後にあるストーリーがしっかりしていないと売れないそうです。村上氏がアニメや原爆のき

10 村上隆氏の『芸術起業論』
村上隆氏は日本を代表する現代美術家で、アニメ調のポップなキャラクターを登場させた作品で有名。中央にスマイルを浮かべた『花』や、東京メトロポリタンテレビジョン（通称TOKYO MX）のシンボルキャラクターである『ゆめらいおん』などで知られる。『芸術起業論』は芸術家の視点から芸術とビジネス（お金）のあり方を論じた同氏の著作である。

のこ雲などを作品モチーフに用いる理由は、彼が日本人だからということでした。

アートとしての建築もまさにこれと同じです。コーポラティブハウスを作る「意識高い系」の人々は自分のライフスタイルを住居に投影したいのだと思いますが、そもそも彼らのライフスタイルなるものが浅薄である上に、予算不足でそのペラペラの思想すら体現できないというのが厳しい現実です。だからこそコーポラティブハウスは住居としてもアートとしても中途半端で、市場に出しても単なるゴミになってしまうのです。

――つまり私がいいたいのは、やるならここまで徹底的に「やれんのか！」ってことです。ローンで買えるデザイナーズ系はあくまでも「デザイナーズっぽいもの」であって、安藤忠雄レベルの「本物」じゃありません。でも普通、個人で住宅にここまで徹底してお金をかけられるのは、上場企業の創業社長とかじゃないとムリなのです。

普通の人はアート建築を見るだけにした方が良い

だから、私たちは美術館とか寺社建築のように、金に糸目をつけずに理想を追いかけまくった建築に惹かれるわけです。10億、20億の単位で建築費にお金をかけられない人は、そういう文化的な共有財産を通じて「建築眼」を磨けばいいかなど私は思っています。

そういう意味で宗教建築というのはアート系建築の王道です。特に、新興宗教の施設は気合いが入っていますよ。教義が現代日本語で読めたり、教祖本人が生きていたりして、まさに「生ける世界観」状態です。事前にその宗教の教えの概要を把握しておけば、建築を堪能できるでしょう。宗教によっては信者でなくても施設内に入れてくれるところがありますから、ぜひチャレンジしてみてください。

ちなみに、私のお勧めは奈良県天理市にある天理教[11]の総本部です。「おやさとやかた」というテトリスブロックのような構造物が周りを囲み、その中心に神殿があります。神殿中心部には教祖が発見した「おぢば」と呼ばれる人類発祥の地があり、神殿の回廊はそれを取り囲む構造になっています。「おやさとやかた」には病院や信者が泊まり込み研修で使う宿泊施設などが配置されています。

見ればわかりますが、その中に体現されているのは世界そのもの。天理教の場合、100年以上かけてこれらの建物群を整備してきました。計画では「おやさとやかた」はまだまだ拡大していくことになっています。

アートを極めるならこれぐらいやらないといけません。コーポラティブハウスなんて作るぐらいなら、天理教総本部を100回参拝した方がまだご利益があり

11 天理教
江戸時代末期に誕生したとされる新興宗教で、当時の宗教家・中山みきを教祖としている。本部は奈良県天理市にある。天理王命（てんりおうのみこと）を信仰する一神教で、聖地は「おぢば」と呼ばれる人間の命の発祥の地。「陽気ぐらし」という、人間が明るく暮らせる世界の実現を目指している。

そうです。

つまり、自宅を安藤忠雄インスパイア系にするのはちょっとダサいかなと私は思うわけです。大体、教祖の安藤氏自身が3LDKに住みながら、あくまで「作品」として究極デザイナーズ系を手がけているわけですから！

これは預言者・安藤忠雄氏直伝の、まさに神の教えです。

よほどのお金持ちでない限り
デザイナーズ住宅は住むのではなく
「見る」だけにしたほうが良い！

私が体験した不動産会社の〝無謀〟な営業

悪魔の手先も苦労している

今から10年以上前に、私は性懲りもなく戸建てを探していた時期がありました。家を売って大損してから、確か5年後ぐらいだと思います。住宅を購入するというより、当時住んでいた賃貸と比較して良い条件のものがあればという調査のつもりでした。

その時はある事情があり、割と広めの道路に接している物件を賃貸、中古両方で探していました。場所は立川、東大和、小平、武蔵村山という、東京の中でもちょっとマニアックなエリアです。このころはすでにインターネットで不動産を探す方法が一般的になりつつあったので、私もネットを使って探していた記憶があります。

いくつか気になる物件が見つかったので資料請求をしたのですが、だいたい良さそうな物件は先客がいたりするんですよね。それで不動産会社に問い合わせると、対応した営業マンからは「他にもお勧めの物件がありますよ」と提案されるわけです。

今でも忘れません、確か大手不動産会社のどこぞの西東京の支店です。電話でこちらのニーズを根掘り葉掘り30分ぐらいじっくりヒアリングして、彼は「わかりました！」と答えました。その後、よほど良い物件を持ってきてくれるのかと期待して待っていたら……電話がかかってきて、三鷹の物件を勧めたのです！

お前はアホか！！！

東京西部に土地勘のない人はわからないかもしれませんが、三鷹市は私が希望していた立川、東大和、小平、武蔵村山のいずれにも接していません。立川から電車で20分ぐらいかかります。私からすれば縁もゆかりもない場所。しかも、念のためＦＡＸで物件の概要を送ってもらったら、接している道路の幅が４ｍしかありませんでした。

最低６ｍの物件が良いとあれだけ念押ししたのに！　あの長時間にわたるヒアリングはなんだったんだ？　あれだけさんざん質問しておいて、アウトプットがこれかと、私は怒りを通り越して呆れ果てました。

これ、要するに出回り物件[12]を、手あたり次第にぶつけているだけです。おそらく一番新しい顧客リストに私の名前があって、30分もの電話ヒアリングに耐えた私のところには「買う気満々」マークでもついていたのでしょう。

12 出回り物件
広く情報公開しているが、それでも買い手がなかなか見つからない物件のこと。

不動産業界で蔓延しているノルマ達成圧力

とはいえ、私も学習塾の経営をしていた経験があるから、彼らの心情がわからないわけでもありません。数字の達成期限が迫ったら、クレームをある程度は覚悟して顧客リストの「掘り起こし」をするのは基本です。しかし、かけた相手が私だったのは、彼にとっては運が悪かったとしかいいようがありません。

こういうとき、セールスパーソンとして一番困るのは、見込みのない客にいつまでもダラダラと長電話されることです。確率勝負ですから、とにかく1件でも多くの顧客に当たりたいんです。

私はその辺を見透かして、わざとグチグチ文句をいって電話を切らせませんでした。なにしろ、最初に「これはヒアリングの内容と違う」と再三伝え、「自分は見込みのない客だよ」というシグナルを相手に出したにもかかわらず、それを察することもできずに私にゴリ押ししてきたのですから。

そもそもこの電話、夜の9時近くとかなり遅い時間にかかってきました。相手もよほど焦っていたのでしょう。そのまま10時ごろまで引っ張ってやりました。これでその日の彼の「アタック計画」はものの見事に粉砕してやりました。相手は「悪魔の使い」ですから容赦はいりません。

その後、新庄耕氏の『狭小住宅』(集英社文庫)という本を読みましたら、私が体験したことが営業マンの視点で書いてありました。

びっくりしました。私が当時、「きっとこういう思惑だろう」と思っていたことが完全に的中していたのです。この本を読む限り、不動産の営業はこういうパワハラ[13]まがいのノルマ達成圧力が常態化していたようですね。そりゃ出回り物件も手当たり次第にぶつけてくるだろうと、変に納得した次第です。

あのときの営業マン、あの日は上司にシメられたかもしれませんね。悪魔の手先も、下っ端だとなかなか苦労が多そうです。

13 パワハラ
パワーハラスメントの略称。職場の権力や立場を利用して行う嫌がらせのことであり、2001年ごろにコンサルティング会社社長の岡田康子氏らが作った言葉とされている。

コラム 4

老後の海外移住はアリ？ ナシ？

最後になりますが、引退して余生を海外で暮らすというのがアリかナシか検討したいと思います。実をいうと、リーマンショックの前、私は海外に暮らそうかとリサーチしていた時期があったのです。

今だから明かしますが、私はかつて、あるヨーロッパの大手銀行からお誘いを受けたことがあります。「ウチの会社で日本人富裕層向けの営業をやりませんか？」といわれました。拠点はシンガポールに置いて、日本に出張して営業するというスタイルですね。

大変興味があったのですが、それまで作った自分のビジネスの基盤を捨ててまで勤め人に戻るというのはちょっと自分の中で納得できなかったのでやめました。自前のビジネスの基盤さえあれば自分の力量で経済危機も乗り切れますが、勤め人になってしまったらそれはできないだろうという思いもあったからです。で、その後リーマンショックが起きたのはご存知の通り。

行かなくてよかった！！！

2008年の世界的な不況を受けて、外資系金融機関はリストラの嵐が起きま

【図4-5】シンガポールの住宅価格指数の推移

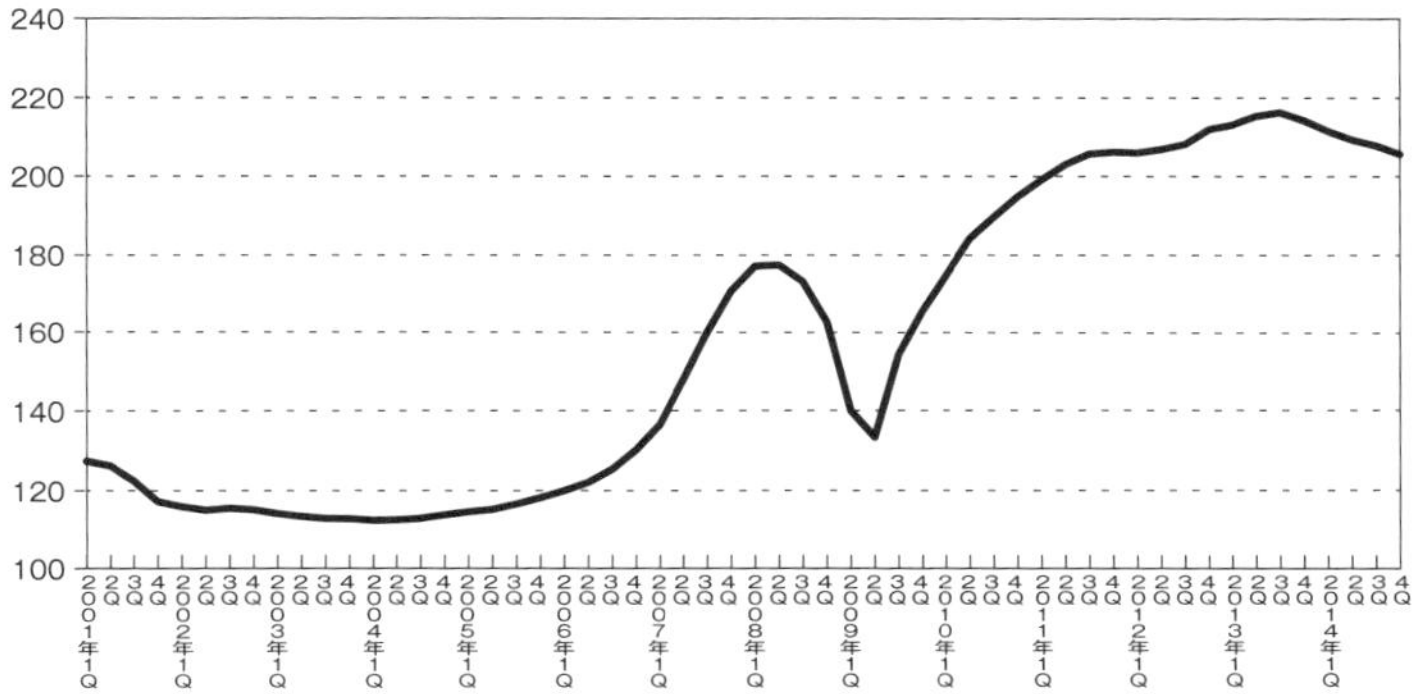

※Qはクオーター（四半期）の略　出典：The Urban Redevelopment Authority

した。やっぱり自分がイニシアチブ（主導権）を取れない仕事はダメです。

——まぁ、その話は置いといて、とにかくそういったオファーを受けた時にいろいろ情報を集めて検討したのです。シンガポールに住むとして、なにか得することはあるのかと調べました。

当時、シンガポールの不動産は確かに右肩上がりでした。今でも多少短期的な変動はありますが、トレンドとしては右肩上がりです。【図4-5】

そもそも、シンガポールは日本みたいにデフレではありませんし、国土が狭く物件数が限られています。つまり、不動産価格が上昇しやすい経済的・地理的条件を備えています。右肩上がりで当然ですよ。

でも、なかなかそういう国は珍しいです。たいていの新興国は資源依存型経済だったり、国内に深刻な宗教対立や民族対立を抱えていたりしているので、ひとたびリスクが顕在化すると、一気に資産が紙くずになる可能性は否定できません。結局、自分のこれまでのキャリアなどを捨ててまで移住するほどのメリットは見出せませんでした。

文化的な違いはやはり大きい

経済面で比較的マシなシンガポールですらそういう状況ですから、かつて定年後の移住が大流行りしたマレーシアなんて、今はどうなっているのでしょうか?

東南アジアで仕事をしている人からは、マレーシアのマレー人優遇政策がイマイチだという声が聞こえてきます。例えばオフィスでランチしていると、「誰か豚肉入った弁当を食べてない? 気分が悪いので帰ります」といったことがよくあると聞きます。そんな調子なのでなかなか仕事の効率は上がらず、経営者はみんな華僑ばっかり雇おうとするそうです。

いくら物価が安いとはいっても、文化的な違いは小さくないでしょう。そもそもマレーシアも石油に依存した経済なので、今は調子が良くありません。そうなると不動産も元気がなくなります。とにかくこうした発展途上国は好況・不況の振れ幅が大きすぎるのです。

インフラや治安、医療制度などいろいろ考えると、やはり日本で暮らすのが一番良いという結論に行きつきます。買い物した時の支払いの安さだけで比較するのは危険です。

特に、医療保険の問題は深刻です。引退するような年齢なわけですから、持病があったりするとなおさらです。ストレスで寿命を縮めていたら意味がありません。なんだかんだいって、日本の公的な医療保険制度は良いものです。

もちろん、リタイア後のセカンドライフをどこの国でどのように過ごすかなんて個人の自由ですから、無理には止めません。しかし、結局はマイホームの購入や不動産の投資と同様、自分でしっかり情報を収集し、いくつかの選択肢を比較検討して、じっくり考えてから決定しましょう。

行動はくれぐれも、自己責任でお願いします。

おわりに

本書を最後までお読みいただきありがとうございます。特に、すでに住宅ローンを抱えているにも関わらず、この本を手に取って読んでくれた方には大変な精神的苦痛を与えたことをお詫びいたします。痛みに耐えてよくここまで読み通してくださいました。

人間とはいつの時代も流されやすいものです。私もそうでした。ちょっとした経済的な成功にうつつを抜かし、調子に乗って大きな借金をして自宅を購入したのですから。読者の皆様の中にも不動産業界に巣食う悪魔に踊らされた方が少なからずいるでしょう。

日本では多くの無辜《むこ》の民が悪魔の誘惑に負け、経済的な損失が確実な取引を自ら進んで行っています。新聞には毎日不動産広告が山のように折り込まれ、ネットのバナーには繰り返しマンション広告が表示されています。道を歩けば「〇〇駅徒歩〇分〇ＬＤＫ　〇〇〇〇万円」といった立て看板や貼り紙もたくさん見かけます。

多くの人はこうした嘘にコロッと騙されます。それはまるで振り込め詐欺の被害者が、何度も同じ手口で騙されるような話です。なぜでしょうか？

少し話をわき道にそらしますが、今日も本屋には「日本が破産する」とかバカなことをいっている学者やエコノミストの本が平積みされています。しかし、日本は原理的に破産できない経済システムなのです（詳しくは拙書『「アベノミクス亡国論」のウソ：投資シミュレーションで読み解く「復活」の根拠』（イーストプレス）をお読みください）。そんな明白な根拠があるのに、国家破産本が一定の人気を博している状況は、いかに論理的な思考が苦手な人や、人のいうことを鵜呑みにする病気の人が多いかを示しています。

そうした人々が、振り込め詐欺の被害者が何度も同じ手口で騙されるように、何度痛い目を見てもマイホームをあきらめられないのです。彼らはマイホームに憧れ、家賃とローンの本質的な違いを知らず、地獄に送られていきます。世も末です。

とはいえ、親や親戚、知り合いなど、周囲の人間の9割以上は不動産について誤った認識を持ってます。そういう人々に囲まれて育てば、マイホームについて間違った知識を持っているのは仕方がない側面はあります。だからこそ、私は不動産について正しい知識を多くの人に伝えるため、筆を執りました。

実をいうと本書は、私が主任研究員を務めているオピニオンサイト「八重洲・イブニング・ラボ」で継続的に書いている不動産情報記事「福音の会」の内容を取りまとめ、大幅に加筆修正したものです。悪魔の勢力に比べれば圧倒的に小さな集団ですが、全世界から神の使徒が集結し、日夜不動産のみならず、経済全般、そして日本の安全保障についての情報交換と勉強に励んでおります。

もし本書を読んでさらなる情報を得たいと思ってくださった方がいれば、ぜひサイトへアクセスしてください。登録は無料です。

また、この場を借りて「福音の会」の私のエントリーにさまざまなコメントを下さった八重洲・イブニング・ラボのプレミアム会員の皆さんに御礼申し上げます。私ひとりで考えていたら絶対に見逃していた視点や、私が知らない不動産にまつわるトラブル事例など、大変示唆に富んだご意見を沢山頂戴し、本書にも盛り込ませていただきました。そのまま本文中に引用させていただいたコメントもあり、本書の内容的な厚みが増しました。本当にありがとうございました。

さて、何度も繰り返しますが、大事なのは神の教えを知り、悪魔の誘惑に負けないことです。本書をしっかりと読み、神の教えと悪魔の手口を理解して、正しき道を歩み続けてください。最後にもう一度、神の教えを確認しましょう。

金持ちはお金を出して資産を買う

貧乏人はお金を出して負債を買う

読者の皆様におかれましては、経済的に豊かになり、精神の平安を得て、肉体的にも健康で楽しい人生をお過ごしください。心から、お祈り申し上げます。

みなさまに、神のご加護を！！！

上念 司（じょうねん つかさ）

1969年、東京都生まれ。中央大学法学部法律学科卒業（在学中は日本最古の弁論部、辞達学会に所属）。日本長期信用銀行、臨海セミナーを経て独立。2007年に経済評論家の勝間和代と株式会社監査と分析を設立。2010年、米国イェール大学経済学部の浜田宏一名誉教授に師事し、薫陶を受ける。現在はコンテンツ配信会社、格闘技ジムの経営をする傍ら、経済評論家としておもに金融政策・財政政策・外交政策等のリサーチを行っている。また、日本テレビ『スッキリ!!』などのコメンテーターとして活躍している他、2013年12月よりオピニオンサイト「八重洲・イブニング・ラボ」の主任研究員として経済に関する講演活動も行っている。

『地方は消滅しない！』（宝島社）、『経済用語 悪魔の辞典 ニュースに惑わされる前に論破しておきたい55の言葉』（イースト・プレス）、『高学歴社員が組織を滅ぼす』（PHP研究所）など著書多数。

家なんて200％買ってはいけない！

2016年2月2日　第1刷発行

著　者　　上念 司

発行人　　松村 徹

編集人　　松隈 勝之

発行所　　きこ書房
〒163-0222 東京都新宿区西新宿 2-6-1　新宿住友ビル 22 階
電話 03(3343)5364
ホームページ　http://kikoshobo.com

装丁　　日下 充典

本文デザイン　　マイム

編集担当　　澤 有一良

印刷・製本　　株式会社シナノ

 ISBN978-4-87771-341-6　C0030